羅光全書

冊卅八

年譜

（附：生平零縑
畫作選輯）

臺灣學生書局印行

年譜

民國前一年（一九一一年）一歲

號焯炤，字達義，學名光，譜名詩晢。

正月一日生（農曆宣統二年十二月一日）。

次日，受洗禮，洗名達義。

生於湖南省衡陽市郊南鄉㪷陂町。父羅英仲，字友山，聖名馬弟亞。母王太夫人，名秀英，聖名雅娜，衡陽西鄉人。祖母郭氏，衡陽市草橋北門人，世代爲教友。衡陽南鄉教友幾全爲羅氏人家。父有兄弟姊妹八人，伯仲名號依次爲英魁、英仲、英仕、英伯。

祖父少年去世，祖母與大伯持家，務農，爲佃戶，大伯雖不知書，然爲一鄉紳，爲族人排難解紛。

父親知書，務商。北伐軍興，來往困難，方居鄉業農。

兄弟姊妹，排行第一，次爲弟羅耀，三爲妹羅詩順，四、五、六俱夭卒。七弟羅穌，八弟羅濟。

民國二年（一九一三年）三歲

頭生毒瘡，久治不癒。一猺人來賣山藥，家人購買一瓶，四姑取少許敷之頭上，稍後乃癒。

民國五年（一九一六年）六歲

入衡陽南鄉天主教毓德小學，其後六年，每試列第一，校長爲郭神父。

童年常在本堂聖堂輔彌撒及領經。本堂神父爲老郭神父，最後爲華神父 P. Valle。

伯父明山公疼愛最深。

民國十一年（一九二二年）十二歲

入衡陽市北門天主教仁愛小學。

再次重讀六年級，因鄉間小學程度不高，然每試猶列第二。

仁愛讀書期間，寄宿二姑母家。二姑母嫁郭德林先生爲妻，每星期六歸家侍親，星期日午後即返姑母家習讀書籍。

民國十二年（一九二三年）十三歲

就試衡陽西湖初中，不中，再試一私立初中，得中試，然家人不喜此初中。

秋天由伯父明山公帶領持華神父P. Valle介紹信，入衡陽北門外黃沙灣聖心修院，院長柏長青神父。修院課程以拉丁文爲主，然其他課程按初中、高中制度，同班十人。

民國十四年（一九二五年）十五歲

伯父，明山公逝世。

民國十五年（一九二六年）十六歲

革命軍北伐，路經衡陽，頗爲振奮。

民國十六年（一九二七年）十七歲

春，共產黨在湖南暴動，入侵修院，外國教士俱赴湖北漢口，聖心修院停辦，離院返家，秋，修院恢復，重返修院。

民國十七年（一九二八年）十八歲

十一月十一日　院長柏長青升主教，由中國李神父任院長，請成和德主教來襄禮，不幸成主教因患重感冒，病逝衡陽。

十一月十四日　奉李院長命，爲紀念成和德主教作一文。首次開始寫作。

民國十八年（一九二九年）十九歲

在衡陽聖心修院開始研讀哲學。

柏主教任教授，義大利閔神父任院長。

民國十九年（一九三〇年）廿歲

聖心修院高中畢業。

十月十五日　與同學郭藩由上海赴羅瑪，十一月十五日抵達羅瑪傳信大學攻讀哲學。

民國二十年（一九三一年）廿一歲

四　月廿四日　傳信學院新校舍落成禮，教宗碧岳第十一世駕臨。

本年著作：奉傳大中國哲學教授于斌神父之囑撰寫文章記事，文成於天津北辰雜誌發表。

新詩「家書」一篇（刊於羅瑪晨鐘集）。

民國二十一年（一九三二年）廿二歲

七　月　六日　獲得哲學博士。

八　月　卅日　傳信部長王老松樞機逝世。

秋季開學，攻讀神學。

民國二十二年（一九三三年）廿三歲

六　月十一日　參與教宗碧岳第十一世爲三位中國主教（雅州李主教、永平崔主教、集寧樊主教）祝聖大典。

六　月十三日　參與中國朝聖團朝拜羅瑪聖堂。

六　月十七日　著作新詩「噴水泉畔」（刊於羅瑪晨鐘）。

十一月 十日 送于斌神父回國，任公教進行會總監督。

十一月十二日 行剪髮禮。

二弟羅耀逝世，有「哭二弟耀」詩一篇。

民國二十三年（一九三四年）廿四歲

七 月十一日 考取神學學士。

十二月廿二日 領第一、第二小品。開始爲新北辰雜誌寫稿。

民國二十四年（一九三五年）廿五歲

四 月 廿日 領第三、第四小品。

九 月廿一日 於羅瑪聖斐里伯・能里（S. philippus Neri）聖堂領五品神職。

十 月 七日 爲廈門公教週刊寫稿。

十一月 十日 領六品。

民國二十五年（一九三六年）廿六歲

二　月　九日　在傳信學院聖堂領受司鐸聖品，主禮者爲Card Selvaggiani Marchetti。

二　月　十日　舉行首祭。

五　月　十日　有感義大利慶祝兼併亞彼紐尼「帝國夢」詩。

七　月　九日　考取神學碩士。

八　月十五日　繼張潤波主教，任傳信大學中國文學哲學教授。在拉德朗大學法學院攻讀教律。

民國二十六年（一九三七年）廿七歲

十二月廿六日　赴義大利北部Genova拜訪衡陽柏長青主教。主日往方濟沙勿略堂服務。

民國二十七年（一九三八年）廿八歲

正　月廿三日　於傳信大學爲追悼陸伯鴻先生，主祭追思彌撒。

七　月　考法律碩士。

民國二十八年（一九三九年）廿九歲

二　月　十日　參加碧岳第十一世殯禮。

三　月十二日　與中國第一次派往教廷的使節團（團長顧維鈞）參加碧岳第十二世加冕大典。

六　月十一日　考取法律博士。

七　月十五日　赴法，向露德聖母朝聖。

七　月廿六日
　　至
八　月　五日　往比國拜見陸徵祥，後著《陸徵祥傳》之資料，均得於此。

十　月廿九日　參與教宗碧岳第十二世，祝聖傳教區主教典禮。受祝聖主教者有田耕莘主教。

民國二十九年（一九四〇年）卅歲

四　月十八日　贈湘繡裝設於傳信學院中國廳（目前尚存）。

六　月　三日　墨索里尼宣佈參戰，海運不通，留在傳大任教授職。

民國三十年（一九四一年）卅一歲

六　月　六日　考取神學博士。應意大利 Bombiani 書局所編之文哲名著及文哲名家辭典寫稿。

民國三十一年（一九四二年）卅二歲

赴Piazza，Vescovio兩聖心堂服務。

民國三十二年（一九四三年）卅三歲

正　月廿六日　中國駐教廷第一任公使謝壽康博士偕秘書汪孝熙先生抵羅瑪，被邀協助館務。

七　月十九日　羅瑪被炸，作「羅瑪被炸」一詩。

十　月廿六日　墨索里尼下台，作「倒台」一詩。

十一月十三日　傳大母校設宴餞別，遷入梵蒂岡任使館教務顧問。

民國卅三年（一九四四年）卅四歲

六　月　四日　德軍退出羅瑪，親見德軍頹喪情形。
六　月　五日　聯軍入羅瑪，羅瑪居民夾道歡迎。
十　月廿四日　聖誕日在傳大午宴，頃接家書驚聞祖母、雙親因戰爭於上午逝世。
本年著作：De Jure Peregrino Missionario in Sinis officio Libli Catholici（論中國外僑法規）。

民國卅四年（一九四五年）卅五歲

三　月十三日　覲見教宗，呈獻著作二種，《儒家思想大綱》，《論中國外儒法規》。
八　月十四日　得知日本無條件投降消息。
本年著作：《儒家思想概要》（以義大文撰述）。

民國卅五年（一九四六年）卅六歲

二　月十八日　參與青島田耕莘主教，晉封爲樞機典禮。

六　月　二日　義大利全民投票決定共和政體，作「義大利全民投票」一詩。

秋，升蒙席。

本年著作：《儒家貧富觀念》，《道家思想》，羅瑪出版。

民國卅六年（一九四七年）卅七歲

正　月廿一日　中國駐教廷第二任公使吳經熊抵羅瑪。

正　月廿六日　陪吳氏觀見教宗碧岳第十二世，呈進國書。

校閱吳公使所譯新經。

民國卅七年（一九四八年）卅八歲

十　月　一日　赴比，爲吳經熊公使拜望陸徵祥院長。所譯《新經全集》，經其簽署，准予付印。

本年著作：中文版《羅瑪晨鐘》詩集第一集，（共錄詩一百五十首），由南京保祿書局出版。

民國卅八年（一九四九年）卅九歲

正 月十五日 陸徵祥院長逝世，代表吳經熊公使參加祭禮。

九 月 九日 陪朱英代辦見教廷政務副國務卿Mons. Terdini，請教廷同意大使回任。Terdini副卿謂避免中共打擊請緩派使，爲此力爭。

十一月廿九日 遷入Via Priscilla購置之寓所。

本年著作：《陸徵祥傳》，香港眞理學會出版。

民國卅九年（一九五〇年）四十歲

本年著作：《生活的體味》（散文）

《海濱夕唱》（新詩集），香港眞理學會出版。

民國四十年（一九五一年）四十一歲

二 月廿八日 在Centro Romano講述「中國人的精神」。

十　月　七日　世界教友使徒工作會議在羅瑪開會，擔任中國代表團團長。

民國四十一年（一九五二年）四十二歲

五　月廿七日　赴西班牙Bacellona參加聖體大會。

六　月　十日（陪于總主教）赴法蒂瑪朝聖。

十　月十七日　在Macerata省議會講述「利瑪竇」生平及思想。

本年著作：《中國哲學大綱上下兩冊》，香港眞理學會出版。

民國四十二年（一九五三年）四十三歲

正　月十二日　參與剛恒毅總主教晉封樞機典禮。

十二月　八日　參與教宗所舉行之聖母年開幕禮。

本年著作：《徐光啓傳》一書，香港眞理學會出版。

民國四十三年（一九五四年）四十四歲

五　月廿七日　組織中國主教朝聖團。

十　月十一日　謝壽康大使再任駐教廷公使。

本年著作：《聖母傳》與《聖庇護第十傳》香港眞理會出版。

民國四十四年（一九五五年）四十五歲

慶祝教宗碧岳第十二世八十壽辰大典，中國政府派謝壽康爲賀壽特使。

主編新鐸聲雜誌雙月刊，由王守禮主教在新加坡發行。

本年著作：《公教教義》，眞理學會出版。

《基督傳》，台北國民知識基本叢書出版。

《儒家形上學》，香港眞理學會出版。

民國四十五年（一九五六年）四十六歲

正　月廿六日　隨謝大使習國畫，專政竹、馬。

五　月　三日　被邀爲遭難教會委員會委員由Mons. Gaulina擔任主席。

將四書之《中庸》、《大學》、《論語》等譯爲義大利文。

民國四十六年（一九五七年）四十七歲

二　月　四日　隨外交部長葉公超先生覲見教宗。

六　月十二日　中國政府升駐教廷使館爲大使館，謝壽康公使爲駐教廷大使。

九　月十三日　由羅瑪陪田樞機抵台北。

本年著作：《中國宗教思想史大綱》一書，在Millano出版。

民國四十七年（一九五八年）四十八歲

三　月廿三日　擔任露德朝聖委員會委員。

三　月廿四日　參加露德地下聖堂祝聖典禮。

八　月十九日　赴德探望田耕莘樞機病。

九　月十六日　在威尼斯參加世界哲學會議。

十　月十三日　參加碧岳第十二世殯禮，步行護靈柩至聖伯多祿大殿。中國政府派謝壽康大使爲參加喪儀特使。

十月廿一日　剛恒毅樞機病逝，前往弔祭。
十月廿八日　在聖伯多祿圓場領取新教宗若望廿三世降福禮。
十一月　四日　陪黃少谷先生參加教宗若望廿三加冕典禮。

民國四十八年（一九五九年）四十九歲

正　月　三日　隨謝壽康大使向新教宗呈遞國書。
正　月廿五日　教宗在保祿殿，特爲中國祈禱。彌撒後，隨謝大使向教宗致謝。教宗在彌撒中宣佈，將召開大公會議。
二　月　九日　在Circlos Della Stampa演講，講述「中國的詩」。
三　月十八日　遷入新寓Viator Fiorenza 38號。
三　月二十日　教宗若望二十三世，任命高理耀蒙席爲駐華第一任大使。
六　月　一日　代于斌總主教向傳信部長呈遞「在台灣恢復輔仁大學建議書」。
本年著作：《利瑪竇傳》，光啓出版社初版。

民國四十九年（一九六〇年）五十歲

九　月十八日　參加國際多瑪斯哲學會議。
十　月廿四日　大公會議籌備委員會傳教委員會第一次會議，當選爲委員並宣誓。
十一月　七日　參加剛恒毅樞機紀念碑揭幕禮。
十一月十四日　教宗若望第廿三世，接見大公會議籌備委員會全體委員及顧問。

本年著作：《實踐哲學》上、下冊，香港公教眞理學會出版。

民國五十年（一九六一年）五十一歲

二　月　九日　晉鐸二十五年，羅瑪中國神父、修士，及駐教廷謝大使於盧森堡修院行慶祝餐會。
五　月廿一日　在聖伯多祿大殿，自教宗若望廿三世手中，領受主教職，時共同受理祝聖者，計十四位主教。
六　月十五日　往義大利北部訪問前衡陽主教柏長青主教。
九　月　五日　同新竹杜寶晉主教由美國飛抵台北松山機場，于斌總主教高理耀大使率台北區神父教友代表多人在場歡迎。
九　月　八日　就任台南主教職，典禮在成功大學禮堂舉行。

九　月廿四日　第一次見胡適之先生於南港中央研究院，晚上參加于總主教銀慶彌撒。
十　月十二日　首次在輔仁大學哲學研究所授課，講形上學。
十一月十四日　赴香港參觀修院及各修會，並訪錢穆、唐君毅、牟潤孫各位先生。
十一月十八日　參加大公會議傳教委員會籌備會議。
十二月　二日　覲見教宗若望第廿三世。
十二月十七日　在義大利Bonevento參加教廷大使高理耀總主教受祝聖主教禮。
十二月廿四日　回台南在社教館與成大天主教教友學生慶聖誕。

本年著作：《中國與教廷使節史》，台中光啓出版社出版。
《理論哲學》上、中、下三冊，香港眞理學會出版。

民國五十一年（一九六二年）五十二歲

正　月十四日　降福鹽水鎭舊鹽聖堂。
正　月廿八日　降福台南市東門聖堂。
三　月十九日　請于斌總主教爲天主教大學生活動中心建築破土。
三　月廿一日　台南教區成立週年，在新公署舉行酒會慶祝台南主教公署落成。

五　月十三日　第一次召集台南市中學天主教教職員聯誼會。

六　月　十日　主禮聖家會第一次六位修女在公署臨時聖堂發永願。

八　月廿四日　為新竹聖衣會創立四百週年講道。

九　月　三日　創碧岳修院，為培植成人聖召。

九　月　七日　請高理耀公使祝聖台南司鐸住宅。

九　月　八日　就職週年，台南天主教大學生活動中心落成。玉井、「吾樂之緣」聖母堂落成。

九　月十六日　參加孔孟學會台南支會成立典禮，應邀講演。

十　月　五日　離台赴羅瑪參加大公會議。

十　月十一日　第二屆梵蒂岡大公會議正式開幕被任命為傳教委員會委會。

十　月十二日　組織中國主教參加大公會議團體。

本年著作：《羅瑪四記》，台北華明書局，香港眞理學會同時出版。

民國五十二年（一九六三年）五十三歲

二　月　三日　降福柳營聖堂，主持黎明中學破土典禮。

二月十一日　主持德光中學破土典禮。

二月十五日　赴羅瑪參加大公會議傳教委員會。

五月廿三日　簽約——買地爲造台南主教座堂。

五月廿五日　簽約——買地爲造碧岳修院。

五月卅一日　主持台南主教座堂及碧岳修院破土典禮。

六月　八日　在台南博愛堂行追思教宗若望廿三世大禮彌撒。

六月　卅日　慶祝新教宗保祿六世加冕酒會。作「新教宗保祿六世」一文刊登中央日報。

七月十五日　召集台南教區傳教員進修會第一次會議。

八月　十日　降福聖功中學建校用地。

八月廿七日　主持聖功中學破土典禮。

九月　八日　爲台南市西區聖堂行破土典禮。

九月十六日　赴羅瑪參加第二期大公會議。

十月廿八日　傳教委員會開會，擔任五人小組委員會委員。

十一月廿五日　參加追悼甘迺迪總統彌撒。

十二月　三日　當選爲傳教委員會副主席。

本年著作：《羅瑪晨鐘》上下冊，台南自肅齋再版。

民國五十三年（一九六四年）五十四歲

正　月十八日　覲見教宗保祿六世獻上紅綢祭披。

正　月十九日　向教宗請求救濟台南地震受害人民。獲教宗賜款美金一萬元。

正　月廿八日　視察台南地震災區，捐助台幣十二萬元。

二　月　二日　祝聖碧岳修院院舍。

三　月十九日　台南主教座堂祝聖大典。

三　月廿一日　祝聖台南教區第一位神父鄒筆光。

四　月　九日　慶祝田耕莘樞機升主教廿五週年及高理耀大使升主教慶祝大典。

四　月廿九日　赴羅瑪參加傳教委員會會議。

五　月　九日　任傳教委員會四人小組委員會草擬提議案小組主席。

八　月　四日　台南小學天主教教師聯誼會第一次會議。

八　月　卅日　祝聖馬公鎮新聖堂落成。

九　月　三日　赴羅瑪參加第三期大公會議開幕禮。被邀與教宗首次與樞機及主教共祭。

十一月十九日　在羅瑪傳信大學演講，與知識界交談。

民國五十四年（一九六五年）五十五歲

正　月十一日　在羅瑪聖言會會院開傳教委員會，接田樞機函，欲推薦任台北助理總主教，促請同意。

二　月　二日　農曆新年在主教座堂行大禮彌撒，慶祝中華聖母節。

二　月二十日　在碧岳修院講授中國哲學課程。

三　月十一日　主持台南中區聖波尼法本堂奠基禮，及台南聖達義修院奠基禮。

五　月　三日　紀念聖馬達蘭索菲逝世百週年，講道於台北聖心女中。

五　月　八日　就任教務協進會代理會長。

五　月　九日　歡迎安童儀樞機　Card Antoriuti。

七　月　卅日　舉行台南教區諮議會。

九　月　三日　赴羅瑪參加第四期大公會議。

十二月十九日　在比國參加雷鳴遠神父逝世廿五週年紀念大會，代表中國主教以法文致詞。

民國五十五年（一九六六年）五十六歲

正　月　一日　在台南主教座堂行大禮彌撒開始聖年。
正　月　二日　赴嘉義拜訪田耕莘樞機，田耕莘樞機說自己已辭職。
正　月　六日　降福台南中區聖波尼法堂。
正　月　七日　召開教區聖體大會籌備會。
二　月　九日　晉鐸卅週年。
二　月十一日　台南教區聖體大會在主教座堂開幕。
二　月十二日　在台南主教座堂祝聖朱寧興修士爲神父。
二　月十九日　接獲教廷駐華公使高理耀總主教電話，出任台北總主教。
三　月　三日　中央日報刊登出任台北總主教消息。
　　　　　　　赴羅瑪參加實行大公會議傳教法會委員會。
三　月　十日　覲見教宗保祿六世。

三月廿四日 謝壽康大使設宴賀升台北總主教，有兩位樞機及多位教廷人員在座。
三月廿九日 赴教廷國務院，訪副國務卿德拉瓜總主教（Del Aqua）。
三月卅一日 赴傳信部見次長副秘書長等。
四月廿一日 蘇雪林教授來訪。晚，台南葉市長設宴餞別。
四月廿四日 為台南市後甲本堂行破土典禮。
五月 八日 為台南南寧街興建新聖堂，主持破土典禮。
五月十五日 離開台南來台北。台南市長、成功大學校長暨天主教學校學生及教友一千餘人送行。下午，在台北總主教座堂就總主教職。
五月廿三日 定居天母牧廬。
五月 卅日 拜訪張群秘書長，開始拜會各院院長與各部部長及台北市長。
六月 五日 歡迎菲律賓桑道思樞機訪台。
六月廿五日 天主教民意代表設宴。
七月廿一日 在耕莘文教院召集北區修女會院長會議。
九月二十日 設宴慶祝于斌總主教升主教三十年，嚴副總統、張群秘書長及五院院長、副院長、參謀總長及部長等三十餘位前來祝賀與宴。

十　月三十日　在台北體育館慶祝蔣總統八十華誕，舉行耶穌君王彌撒。
十一月十二日　赴羅瑪參加法典改編小組委員會。
十一月十七日　赴傳信部見部長雅靜安樞機、次長西奇夢總主教。
十一月廿二日　見安童儀樞機，樞機囑向國務院陳說台灣實況。
十一月廿五日　見副國務卿德拉瓜總主教。
十二月　三日　見教廷政務副國務卿嘉沙洛里總主教（Casaroli）。
十二月　五日　晉見教宗保祿六世。
十二月　十日　在瑞士與中國留學生會晤。
十二月三十日　歡迎紐約史培曼樞機抵台北訪問。

本年著作：《中華民族的宗教禱告》（收在義大利文《宗教禱告》三冊），羅瑪出版。
《歷史哲學——廿世紀之人文科學》，台北商務印書館。
《台南五年》，台南徵祥學社出版。
民國五十六年（一九六七年）五十七歲

正月二十日 在聖公會主持合一祈禱。
二月 四日 召開教區文化委員會，決定現代學苑由台南遷來台北發行。
二月 六日 召開教友使徒工作輔導會議。
二月十九日 購四庫備要經部書百冊。
二月廿五日 在天母牧廬接見南韓國會議長李孝祥，李議長爲教友。
四月廿三日 赴馬尼拉在亞洲傳教要理研究週致開幕演講。
五月十四日 聖神降臨節教區會議開幕。
五月廿四日 赴羅瑪參加合一運動委員會會議。
五月廿七日 參加傳信部次長西奇夢總主教（Sigismondi）殯禮。
六月 一日 見傳信部部長雅靜安樞機。
六月廿九日 在中山堂舉行教區會議開幕禮。
七月廿七日 赴嘉義探視田耕莘樞機病。
七月廿八日 在嘉義參加田樞機殯禮彌撒。
八月廿五日 參加台北聖家堂田耕莘樞機追思彌撒。
十月 一日 在中央圖書館爲孔孟學會論語研究會講人文主義。

十　月　七日　在香港襄贊徐成斌主教祝聖禮。
十　月十二日　抵羅瑪參加法典改編小組委員會。
十　月十四日　見傳信部部長雅靜安樞機。
十　月　廿日　見傳信部新任次長畢業多里總主教（Piguedolli）。
十　月卅一日　見國務院副國務卿彭耐里總主教（Benelli）。
十一月十二日　在台北市體育館舉行歡迎法蒂馬聖母大典。

本年著作著：《生活之體味》，台北徵祥學社再版。
《中國哲學大綱上下册》，台灣商務印書館再版。
《陸徵祥傳》，台灣商務印書館（再版）。

民國五十七年（一九六八年）五十八歲

正　月　一日　降福柳州街新聖堂。
正　月　七日　爲聖家會總院行破土禮。
正　月　八日　歡迎巴爾馬外方傳教會會長gazza主教，商洽該會士來台北作傳教工作。
正　月廿一日　參加在台北第一女中禮堂舉行宗教合一祈禱。

正月卅日　基督活力運動菲律賓會員來天母賀農曆新年。菲律賓會員之十餘人來台北發起中國基督活力運動。

三月一日　在台北總主教新公署首次與會。

三月十日　赴羅瑪參加法典改編小組會議。

三月十八日　赴傳信部見部長雅靜安樞機。任教廷爲非基督徒委員會委員及無信仰者委員會委員。

四月八日　晉見教宗保祿六世，午後搭機回台。

五月十日　在政治大學教育研究所講演，——天主教的精神。

五月十八日　主持台北聖德蘭朝聖地聖堂奠基禮。

五月廿五日　主持聖言會大坪林女工宿舍落成典禮。

七月四日　開始視察台北各堂區，一年內完成。今日視察主教座堂。

七月七日　擬定開修女、神父講習班以及初學修女訓練班課程。

八月十五日　台北總主教新公署落成禮。

十月六日　看將購之萬里育樂中心地。

十月八日　安老院修女來見，講創安老院事。

十　月廿二日　耕莘醫院開幕禮，蔣宋美齡夫人剪彩，德國天主教慈濟會（Misereor）主任Dossing蒙席參禮。

十一月　六日　赴汐止看安老院修女初辦安老院。

十二月　卅日　陪紐約庫克總主教（Coocke）晉見蔣中正總統及夫人。

民國五十八年（一九六九年）五十九歲

正　月　一日　在台北第一女中大大禮堂爲天主教中學生聯歡會行彌撒。

正　月　二日　歡迎斐律濱基督活力運動女團員員來華發起女團員運動。

正　月十二日　賀趙恒惕鄉長九十大壽。

正　月十六日　在輔大附設神學院講演——佛學、天主教、神學。

正　月　廿日　參加張大千先生贈與故宮博物院燉煌壁畫臨摹畫六十二幅典禮。

二　月十二日　訪俞大維部長，俞部長以法文教宗史全套贈送。

二　月十九日　赴羅瑪參加法典改編會議。

三　月　四日　赴傳信部見部長雅靜安樞機。

三　月　十日　拜會德拉瓜樞機談義大利承認中共事。

三月二十日 晉見教宗保祿六世，教宗贈賜一聖爵。

五月十五日 在故宮博物院演講——供職清廷的義大利畫家朗世寧。

六月 十日 修改《教廷與中國使節史》，由傳記文學出版社再版。

六月十八日 赴馬尼拉參加亞洲主教團協會常務委員會。

六月廿八日 主持修女院講習班結業禮。

七月 十日 開始修改《利瑪竇傳》。

七月十四日 楊英風教授贈銅鑄羅光總主教浮雕像。

七月廿九日 在耕莘文教院心理輔導講習班講——心理輔導與牧靈工作。

八月 六日 向新竹教友講習會講「教友團體生活的神學意義」。

八月 七日 開始修改《徐光啓傳》。

九月廿二日 歡迎越南西貢總主教Binh和峴港主教Chi。

十月 八日 主持輔仁大學副校長英千里追思彌撒。

十一月 二日 向長安堂教友組織講「教友傳教的神學根據」。

十一月 六日 在光仁中學向教職員演講，題目是：「生活的快樂」。

十一月 九日 田樞機遺留的貴重聖爵，存在主教公署被竊。

十一月廿九日　因病入耕莘醫院。
十二月　八日　再入耕莘醫院十二月廿日出院。
十二月廿九日　牧靈中心第一次會議。

民國五十九年（一九七〇年）六十歲

正　月　一日　在主教座堂紀念教區成立二十週年，並慶祝六十壽。
正　月十七日　參加輔大常務董事會討論設農學院及海洋學院事誼。
正　月廿三日　赴羅瑪參加修改法典改編小組會議。
正　月卅一日　赴傳信部見次長畢業多里總主教。
二　月　二日　赴傳信部見部長雅靜安樞機。
二　月　九日　赴教廷國務院見彭耐里副國務卿。
二　月十三日　赴瑞士見留學生。
二　月十五日　赴西德。
二　月廿八日　赴美國。
三　月廿一日　回台北。

三　月三十日　主持聖母軍成立二十週年大會。

四　月　十日　主持台灣神父修女講習會籌備會。

四　月　廿日　召開台北天主教中小學校長會議。

四　月廿一日　歡迎巴西聖保祿教區德主教羅西樞機（Rossi）來台，宿於台北主教公署。

四　月廿三日　陪羅西樞機晉見蔣中正總統及夫人。

五　月十五日　赴萬里決定育樂中心建築事。

五　月十九日　歡迎史大發樞機（Stafta）。

六　月廿三日　參加輔仁大學畢業典禮，董事長蔣宋美齡夫人列會，爲中美堂落成剪彩。

七　月　六日　萬里育樂中心辦理中學生夏令營，今日啓用第一棟宿舍。

七　月卅一日　在主教團秘書處參加輔仁大學董事座談會。

八　月　二日　在耕莘醫院主持輔大組織細則小組會議。

八　月　五日　歡迎馬肋拉樞機（Marella）。

八　月　六日　輔仁大學董事會，討論校長事。

八　月十五日　主持主教公署友倫樓落成禮。
八　月十七日　天主教社會服務組劉鴻凱神父組織兒童小小公園（暑期兒童生活營）。
主持牧靈講習會開幕禮。
九　月　八日　主持耕莘護士學校建校破土禮。
九　月廿六日　赴羅瑪參加法典改編小組會議。
九　月廿九日　見教廷教育部長加倫樞機（Carrone）。
十　月　一日　赴傳信部見次長畢總主教。
十　月　三日　晉見教宗保祿六世。
十　月　七日　赴國務院見副國務卿彭耐里總主教。
十　月十二日　見傳信部部長雅靜安樞機，次長畢總主教談教宗訪香港事。
十　月　廿日　再見國務院副國務卿彭耐里總主教談教宗訪香港事。
十　月廿四日　回台北。
十一月十九日　歡迎教廷新大使葛迺迪總主教（Cassidy）。
十一月廿二日　赴馬尼拉參加亞洲主教會議。
十一月廿九日　回台北。
十一月　卅日　歡迎日本五位主教來台。

十二月十九日　歡迎美國庫克樞機。

民國六十年（一九七一年）六十一歲

正　月　六日　參加聖功會龐德明主教祝聖禮。

正　月　廿日　在輔大附設神學院講——中國文化中罪的形態與意義，稿刊於神學論集。

正　月廿五日　在主教公署賀農曆年，在大禮堂祭祖、獻香、獻花、獻果，然後團拜。

二　月　七日　主持萬里育樂中心開幕禮。

二　月十三日　赴羅瑪參加教會法典改編小組委員會。

二　月廿二日　赴傳信部見新部長羅西樞機。

三　月　六日　探望雅靜安樞機病。

三　月十二日　見副國務卿彭耐里總主教。

三　月十六日　參加為無信仰者委員會會議。

三　月十八日　全體委員晉見教宗保祿六世。

三　月廿二日　回台北。

三　月廿五日　在汐止加拉苦修女會行祭祝賀成立會院。
四　月廿九日　決定購買三峽墓地。
五　月　一日　慶祝中華聖統制二十五週年。
五　月十四日　赴高雄，在澄清湖主持社區發展講習班閉幕禮。
五　月卅一日　赴陸軍總司令部演講，講題爲——孔、孟的生活修養，講稿刊於教友生活週刊。
八　月　八日　歡迎菲律賓宿霧教區總主教樞機及韓國金樞機。
八　月十七日　成立家庭輔導中心（台北總主教公署）。
八　月廿三日　舉行中國天主教教友傳教促進會籌備會。
九　月　八日　赴香港襄李宏基主教祝聖典禮。
九　月十七日　在中原理工學院哲學社演講，題目是——宗教信仰與人生。
十　月　廿日　參加邁向合一研習會，作講演。
十一月十一日　舉行船山學會籌備會。
十一月廿一日　成立全國教友傳教促進會。
十二月　五日　在台北體育館舉行建國六十週年祈禱彌撒，由教宗派韓國金樞機主祭。
十二月　八日　赴羅瑪參加法典改編小組會議。

十二月十一日　見國務院政務副國務卿（Cassaroli）總主教討論中華民國退出聯合國後，教廷之態度。彼告葛大使將不回台灣，力爭，以爲不可。

十二月十七日　見國務卿魏約樞機。

十二月十八日　見傳信部部長羅西樞機。

十二月二十日　晉見教宗保祿六世，教宗肯定與中華民國保持外交關係。往見副國務卿彭耐里總主教。

十二月廿七日　離羅瑪回台。

民國六十一年（一九七二年）六十二歲

正　月　二日　在金山基督生活團冬令營講——教會與人類救恩。

正　月十九日　八里鄉聖心會修女來談聖心女子大學因教育部不許立案將停辦。

正　月廿一日　參加主教團常務委員會，批准春節彌撒，討論敬祖禮儀。

二　月十一日　主持文德女中校舍破土禮。

二　月十三日　祝聖和平西路聖堂和社會中心。

二　月十四日　總主教公署新年團拜，行敬祖禮。立一牌，書國家歷代列祖列宗，獻花、香、酒、讀聖經。
三　月　八日　在社會講習會講——傳播福音與社會發展。
三　月十一日　教區教友傳教促進會籌備會議決定召開成立大會。
三　月十九日　船山學會發起人會議決定召開成立大會。
四　月　八日　賀曾寶蓀、曾約農兩老八十大壽。
四　月　卅日　正式成立台北總教區教友傳教促進會（後改名教友傳教協進會）。
五　月十四日　主持耕莘醫院護校落成禮。
六　月　二日　因病入耕莘醫院。
六　月　八日　出院。
六　月十四日　主持羅東聖母醫院二十週年大會。
六　月廿二日　參加輔大畢業典禮，董事長蔣宋夫人蒞會。
六　月廿七日　參加輔仁大學組織綱要簽署禮，由校長與三單位代表簽名。
六　月廿九日　參加蔣宋美齡夫人主持之輔大董事會。
七　月　五日　率天主教省政觀光團，參觀省政三天。
七　月十五日　同王雲五先生商妥《歷史哲學》在商務印書館出版。
七　月十五日　被中央黨部邀請與錢思亮、蔡焙火、胡秋原、任卓宣、陳紀瀅任召集人，召集接待日本椎名會被椎任主席。
七　月十九日　主持文教界與日本椎名議員團座談抗議日本與中華民國絕交。
七　月廿一日　主持天主教出版界座談會。
七　月廿五日　在嘉義參加哲學救授神父學術會。
七　月　卅日　主持船山學會成立大會。
八　月　二日　歡迎教廷駐華第一任代辦，高樂天（Colasono）蒙席抵任。
八　月十三日　主持全國教友傳教促進會全國理事會會議，參加小小公園。
八　月廿四日　赴新竹主持教育者社會工作講習會結業禮。
八　月廿六日　主持慶祝永泉教義中心十週年典禮。
九　月廿一日　在基督生活團夏令營演講，題目是：愛的實踐。
九　月廿二日　歡迎傳信部次長畢業多里主教訪台（Pignedoli）。
九　月廿五日　重編台北七年書稿，由先知出版社出版。
十　月　卅日　主持烏來朝聖地奠基禮。
十一月十二日　赴羅瑪。
十一月十五日　參加合一運動代表大會。

十一月十八日　見教廷政務副國務卿（Casaroli）總主教。常務副國務卿彭耐里總主教。

十一月廿五日　見傳信部長羅西樞機。見政務副國務卿（Casarali）總主教。

十二月十一日　晉見教宗保祿六世，教宗肯定教廷駐華大使館不撤退，教宗賜贈聖體光。

十二月十二日　參加教會法典改編小組會議。

十二月十八日　見政務副國務卿（Casaroli）。

十二月　廿日　回台。

十二月廿七日　赴花蓮參加費聲遠主教晉鐸五十年金慶。

本年著作：《牧盧文集》六冊，由先知出版社出版。

《利瑪竇傳》，由先知出版社再版。

《實踐哲學》，先知出版社三版。

民國六十二年（一九七三年）六十三歲

正　月　二日　赴彰化主持全國傳教促進會第一屆講習會開幕禮。

正月十九日 赴台中參加天主教全國中小學校長會議。
正月廿二日 參加政府擴大早餐會。
二月　三日 台北總教區開始農曆新年在聖家堂祭天敬祖大典，由于斌樞機主禮。
二月　六日 歡迎美國洛杉磯教區總主教（Manning）樞機。
二月　十日 在金山青年營地中心爲基督生團冬令營講「愛的福音」。
二月十三日 在香港參加亞洲主教團協會中央委員會。
二月廿八日 訪錢穆先生。
三月　五日 在嘉義參加牛會卿主教殯禮。
三月廿四日 祝聖三峽聖堂建堂用地。
三月廿五日 宴烏克蘭（Slizpyi）樞機。
五月　一日 到香港參加亞洲主教團協會常務委員會。
五月廿六日 赴香港參加徐承斌主教喪禮。
六月　十日 主持台北聖年開幕禮。
六月十九日 赴馬尼拉參加亞洲主教團協會常務委員會。
七月　一日 在耕莘文教院慶祝生活週刊二十週年。

本年著作：《歷史哲學》，由台灣商務印書館初版。
《徐光啓傳》，傳記文學社初版，版本為眞理學會版。

八　月廿一日　赴新竹參加牧靈講習班講教會新法典的「本堂區」。

八　月廿七日　在輔仁大學參加儒教文化區主教代表會議（韓國、越南、香港、澳門、菲律賓）。

九　月　二日　在關西向大專同學會總幹事夏令營講「現代的時代訊號與大專學生傳教使命」。

九　月　九日　赴馬尼拉參加桑多斯樞機喪禮（Santos）。

九　月廿二日　祝聖新北投新建神父住宅。

十一月　十日　在輔仁大學附設神學院主持教務座談會。

十二月　四日　在達見（德基）水庫為義大利工程部人員行彌撒。

民國六十三年（一九七四年）六十四歲

正　月　八日　赴香港參加亞洲天主教大眾傳播會議。

正　月廿三日　在聖家堂主持祭天敬祖大典。

二　月　三日　在金山青年中山向基督台灣團講教會革新。
二　月十四日　抵羅瑪參加教會法典改編小組會議。
二　月十六日　見高理耀總主教，國務院政務副國務卿（Casaroli嘉沙洛里總主教）。
二　月廿三日　中午晉見教宗保祿六世見傳信部長羅西樞機。
二　月廿五日　見傳信部長。
三　月十二日　參加爲無信仰委員會會議。
三　月十五日　全體委員晉見教宗。
三　月十八日　離羅瑪回台。
三　月廿三日　傅佩榮總編輯送來哲學與文化第一期，係由現代學苑改名。
三　月廿五日　參加故宮博物院主辦亞太區博物院會議開幕禮。
四　月　六日　赴彰化主持全國教友傳教促（協）進會理監事會議。
四　月廿二日　亞洲主教團協會第一屆全體大會在台北召開，在聖家堂舉行開幕彌撒執行開會會務。
四　月廿七日　在國父紀念館舉行閉幕禮彌撒。
六　月廿三日　祝福林口小聖堂。

六　月廿五日　往香港參加李隆基主教殯禮。
七　月廿七日　在靜宜女子學院舉行全國天主教教友及傳教協進會正式成立大會。
七　月廿九日　赴東京參加東亞社會傳播工具會議。
八　月十七日　參加中國天主教女青年改組大會。
八　月二十日　在高雄參加羅文藻受任主教三百週年。
九　月　二日　參加天主教哲學教授研究會發表論文。
九　月十一日　慶祝雷震遠神父七十壽。
十　月　三日　赴嘉義參加主教公署落成禮。
十　月　九日　降福三峽本堂房屋。
十一月十八日　德國（Continente）雜誌編者來作訪問。
十一月廿三日　降福吳甦修女會在台北新莊設會院。
十二月廿九日　台北教區成立二十五週年紀念彌撒。
十二月三十日　台北教區二十五週年酒會。
民國六十四年（一九七五年）六十五歲

正月 二日 赴彰化靜山主持教友傳教協進會講習班結業禮。

正月 八日 歡迎教廷新代辦陶懷德蒙席（White）歡宴高樂天代辦升任教廷駐非洲一國的大使。

正月廿八日 赴花蓮參加賈彥文主教就職典禮。

二月十一日 在聖家堂行祭天敬祖大典。

二月廿三日 在劍潭參加小小公園遊園會，台北市社會局協辦。

二月廿四日 赴香港主持亞洲主教團宗教關係委員會會議。

二月廿八日 赴馬尼拉參加亞洲主教團協會常務委員會。

三月十二日 參加教務座談會。

三月三十日 完結《中國哲學思想史》第一冊。

四月 三日 赴羅瑪參加教會法典改編小組委員會。

四月十四日 見傳信部部長羅西樞機和兩位次長商教廷派使參加蔣中正總統殯禮。

四月十九日 見常務副國務卿彭耐里總主教。

四月廿九日 見傳信部部長兩位次長。

五月 一日 回台灣。

五　月　五日　下午參加教廷大使館追思蔣中正總統彌撒。晚在主教座堂主持追思蔣中正總統彌撒。

五　月　九日　往飛機場送藍澤民總主教因病離台回國。

五　月十九日　降福台北中央大樓之牧靈中心舉行落成典禮。

六　月廿一日　赴馬尼拉參加耶穌會召開之亞洲教會合一運動會議。

七　月十九日　歡迎傳信部長羅西樞機訪台。

七　月廿二日　襄理狄剛、王愈榮兩位主教祝聖典禮，羅西樞機主禮。

七　月廿三日　陪羅西樞機晉見嚴家淦總統。

七　月廿四日　陪羅西樞機訪問行政院蔣經國院長。

八　月　十日　赴嘉義參加狄剛主教就職典禮。

九　月十二日　赴羅東主持聖母護校落成典禮。

十　月十五日　赴羅瑪參加法典改編小組會議。

十　月十八日　見高理耀總主教。

十　月十九日　參與真福若瑟司鐸列真福品大典與教宗共祭，共祭者六位。

十　月廿五日　赴奧國維也納。

十　月廿九日　赴法蒂馬朝聖。

十 月卅一日 回羅瑪。
十一月 八日 赴LVeroua爲靈醫會行祝聖司鐸品典禮。
十一月 九日 往奧國。
十一月 十日 回羅瑪。
十一月十二日 見Knox樞機。
十一月十五日 回台北。
十二月廿一日 在文化大樓聖經講座講演，聖經的愛與儒家之仁。
本年著作：《中國哲學大綱》上下冊，台灣商務印書館三版。
《中國哲學思想史（一）先秦篇》，由先知出版社出版。

民國六十五年（一九七六年）六十六歲

正 月 六日 參加黃杰將軍的名著集成基金會。
正 月廿一日 歡迎菲律賓（Rosales）樞機來台參加自由日。
正 月卅一日 農曆新年在聖家堂主持祭天敬祖典禮。
二 月 八日 參加台北雙連教堂新的聯合所譯出版感恩禮。

二　月十四日　參加天主教哲學會年會。
四　月　四日　主持蔣中正總統逝世週年彌撒。
四　月　廿日　赴台南參加基督教神學院百週年紀念禮拜。
五　月　七日　赴羅瑪參加教會法典改編小組會議。
五　月十三日　見高理耀總主教。
五　月十四日　見傳信部長羅西樞機。
五　月廿九日　回台。
六　月　十日　召開東亞精神生活研習所籌備會。
六　月十九日　在高雄參加文藻外語專校十週年紀念典禮發表演講「中西文化交流之要點」。
七　月　一日　在光啓社參加視聽人員會議，議決組織天主教視聽協會。
七　月　五日　德肋撒修女的仁愛會男子部負責人來見，談在台北工作。
七　月廿九日　歡迎Baggio樞機來台北。
八　月十六日　在彰化參加Burhkart晉鐸金慶。
十　月十八日　赴石碇決定改建工程。
八　月廿五日　赴嘉義參加牧靈講習會。

九月 二日 在光啓社主持大眾傳播講習會開幕禮。
九月 六日 在淡水本篤修女會主持神父修女文化講習會開講禮。
九月十九日 慶祝于斌樞機晉主教四十週年。
九月廿一日 赴韓國漢城參加東亞主教會議。
九月 卅日 在中視向天主教大眾傳播從業人員講演「天主教的國際輿論」。
十月十七日 降福民生東路臨時聖堂在輔大中美堂舉行全國聖體大會，紀念第一任國籍主教祝聖五十週年中國聖統制。
十月廿二日 普世博愛會兩位團員來談台灣工作。
十一月 一日 在民航局參加第二屆亞洲學者會議。
十一月 二日 結束《中國哲學思想史・兩宋篇》，開始寫兩漢篇。
十一月十二日 在基督神學院演講「中國文化的特質」。
十一月廿六日 在基督教女青年會主持合作委員會會議。
十一月廿七日 在輔大附設神學院參加全國教務座談會。
十二月 二日 參加傳記文學召開謝壽康大使座談會。
十二月 四日 接受蘇林滿女士的外雙溪獻地。

十二月十七日　與光啓社及中國電視台商妥明年元旦後播映天主教節目「一個難忘的故事」。
十二月廿四日　在輔大神學院講演祭天的意義以祭天古禮式行彌撒。
十二月廿八日　降福聖安娜之家新舍。

民國六十六年（一九七七年）六十七歲

二　月十八日　在花蓮主持農曆新年各界祭祖大典。
二　月　廿日　基督活力運動大會彌撒祭祖。
二　月廿三日　在嘉義輔仁中學講演。
二　月廿七日　赴香港參加亞洲主教團協會常務委員會。
三　月　廿日　在高雄參加合作早餐會。
四　月　三日　赴馬尼拉參加亞洲主教團協會常務委員會。
五　月　三日　主持耕莘醫院東病房破土禮。
五　月廿九日　中國哲學理事會。
六　月廿五日　參加雷鳴遠神父誕辰百年紀念會。

七　月廿五日　在基督女青年會主持合作委員會會議。
九　月　四日　中國哲學會理監事會。
九　月十五日　赴羅瑪參加爲無信仰者委員會會議及法典改編小組會議。
九　月十七日　見傳信部長羅西樞機。
九　月廿一日　爲無信仰者委員會全體大會。訪問教廷常務副國務卿高理耀總主教。
十　月廿九日　遷居齊賢大樓。
十一月十八日　合作委員會主席任滿改選。
十一月廿一日　主持神父養老所（聖若瑟樓）破土禮。
十一月廿七日　中國哲學會理監事推爲駐會常任理事籌備國際哲學會。
十二月　五日　赴香港參加海員牧靈會國際會議。
十二月　七日　主教團常務委員會議決續播「難忘的故事」。
十二月　八日　在花蓮慶祝花蓮教區成立廿五週年。
十二月十五日　完結《中國哲學史・兩漢南北朝篇》。
十二月十六日　新任駐教廷大使周書楷來訪。

本年著作：《中國哲學展望》，台灣學生書局初版。

民國六十七年（一九七八年）六十八歲

正　月　一日　在主教座堂慶賀郭石若總主教晉牧二十五週年。
正　月　七日　在中視紀念難忘的故事播映一週年。
正　月　卅日　弔馬壽華先生喪，送周書楷大使赴梵蒂岡覆任。
二　月　四日　宴回國之駐教廷前任大使陳之邁夫婦。
二　月　七日　農曆新年在聖家堂行祭天敬禮典禮。
二　月廿二日　主持中和鄉本堂建堂破土典禮。
三　月　六日　歡迎 Pignedoli 樞機。
三　月十三日　在三軍大學講易經哲學。
三　月十六日　在台灣大學參加唐君毅追悼會。
四　月十七日　迎接美國聖母侍衛團護送聖母來台北，在聖家堂行彌撒，九位主教共祭。
四　月　卅日　赴新竹參加職工青年會成立二十週年慶。
六　月　五日　外交部次長錢復來談輔大校長事，講述教廷國務院態度。

六月十四日　在基濬教神學院作三小時講課。
七月十二日　爲天主教中學教師講習班講兩課。
七月十五日　輔仁大學董事會，開會接受于斌樞機辭校長職，是日辭台北總主教辭，被選聘爲輔仁大學校長。
八月　二日　接掌輔仁大學校長職務，並致履任詞，強調以人格教育爲教育的目標，並以牧人的愛心來辦教育。
八月十四日　主持教宗保祿六世，追思彌撒大典於國父紀念館，蔣經國總統、謝東閔副總統、嚴前總統、行政院院長孫運璿、立法院長倪文亞等親臨參加。
八月十八日　悼念于樞機追思彌撒。
八月廿八日　在輔大迎于斌樞機靈。
八月卅一日　蔣總統經國先生接見。
十　月　爲于樞機舉行七七忌日。
十　月　六日　悼念教宗若望保祿一世，追思彌撒證道。
十　月　受聘爲中華民國中山學術文化基金董事會董事，及專題獎助審議委員會委員兼副召集人。

十　月　六日　參加中美理想比較研究會開幕典禮。
十　月廿四日　第一次在教育部參加公私立大學校院長會議。
十一月十八日　赴印度加荅爾大學參加亞洲主教團協會第二屆全體會議，任召集人。
十一月廿五日　主持耕莘醫院十週年紀念東病房開幕禮。
十二月十六日　主持賈彥文主教就任台北總主教禮。
十二月十八日　歡迎吳大猷博士來輔大演講。
十二月　廿日　在美匪建交，中美斷交之時特別舉行「輔仁大學愛國建國大會」，校長親自主持並演講「團結就是力量，自力即是生命。」

本年著作：《中國哲學思想史——兩漢、南北朝篇》，台灣學生書局初版。

民國六十八年（一九七九年）六十九歲

正　月十四日　在文復會與輔仁大學合辦的「文化與修養」講座中演講「儒家的生活修養」。
二　月　四日　在孔孟學會演講，講題爲「易傳十翼和論中庸、大學之比較研究」。
二　月　八日　往羅瑪參加「普世博愛運動」國際研討會討論主題，「當代天主教對家庭之責任」會中特別提出「重視家庭倫理道德」與應訂「家庭人權憲法」。

二月廿日 往見教廷教育部長（Cannon）嘉龍樞機。

二月廿一日 見傳信部長羅西樞機與次長。

二月廿二日 見畢業多里樞機Piguodeli。

二月廿三日 見國務卿魏約樞機Villot。見副國務卿高理耀總主教。

二月廿六日 見Baggio樞機。見Knox樞機。

二月廿七日 晉見教宗若望保祿二世。

三月七日 動身回台灣帶回在羅瑪供奉的聖母像回台預備供奉於輔仁大學淨心堂。

三月十七日 主持台北復興委員會中華叢書哲學組小組會議決定撰寫書目與撰寫人。

三月廿八日 在輔大中美堂主持祭天敬禮大典，先行彌撒，後祭組。

四月十八日 台灣主教晉見蔣經國總統。

七月 受聘爲六十八年特種考試公務人員甲等考試應考人著作審查委員。

七月十四日 中央總理紀念週中應邀演講，發表「宗教與政治」。

八　月　受聘爲中華文化運動推行委員會委員。
九　月　受聘爲中華民國新聞評議委員會第三屆評議委員。
十　月廿九日
　至　出席亞洲基督教大學開發會議。
十一月　三日
十一月　五日　贈名譽博士學位予西德赫夫奈樞機，並邀赫夫奈樞機爲野聲樓破土。
十一月十三日
　至　赴馬來西亞召開亞洲地區主教代表會議。
　十七日
十一月廿七日　受聘爲行政院青年工作諮詢委員會委員。
十二月　二日　輔仁創校五十週年校慶，主持各項慶祝活動，並撰文「輔大五十年」於中央日報副刊。
十二月　八日　慶祝校慶，頒授名譽法學博士學位予高華德參議員，以名譽文學博士授予輔大前任理學院院長蔣百鍊及美籍主教費濟時。
十二月　八日　慶祝五十週年校慶，邀請教廷宣傳部長羅西樞機來校舉行感恩彌撒祭。
十二月　八日　受聘教育部學術審議會委員。

十二月十四日至十六日 主持比較文學會議開幕式。

十二月廿八日至六十九年正月四日 召開國際哲學會，與會學者歐、美、亞各地區計六十位。中心議題：當代哲學與宗教。

民國六十九年（一九八〇年）七十歲

正月廿三日 接見美國外籍學生顧問訪問團二十餘人，彼此交換意見。

二月十六日 主持春節敬天祭祖大典（聖家堂）。

三月三日 赴檀香山參加夏威夷大學主辦的「中國儒家哲學之現代意義」學術討論會。發表論文：「儒家生命哲學的形上和精神意義」。

三月十三日 主持宗教座談會開幕式。與會者有天主教、基督教、佛教、回教等數十代表。所發表演講爲「天主教與非基督宗教的交談」。

四月八日 受聘爲中國大陸災胞救濟總會第十九屆名譽理事。

四　月　九日　在輔大中美堂主持祭天敬祖典禮。

四　月十八日　應高雄師範學院邀請，前往該校作學術性演講，講題是「中西宗教精神之異同」。

五　月　二日　籌備發行益世雜誌。

七　月　八日　參加台北市選舉委員大會成立典禮，並受聘爲委員。

九　月　廿日　受聘爲中華民國大眾傳播教育協會顧問。

九　月廿二日　往羅瑪參加世界主教代表會議。

十　月　十日　發行益世雜誌，並發表刊詞強調其目標在向全國同胞尤其向熱血的青年提供正確的人生價值觀，中正的社會原則，以解答社會問題，建立高尚人格。

本年著作：《中國哲學思想史，隋唐佛教篇》，台灣學生書局初版。
《中國哲學思想史，元明篇》，台灣學生書局初版。
《儒家形上學》，輔仁出版社三版。
《徐光啓傳》，傳記文學社修訂版。

民國七十年(一九八一年)七十一歲

正月一日 參加新竹劉獻堂主教祝聖典禮。

正月十四日 商討與韓國外國語大學交換師資事宜。

正月十六日至十八日 參加馬來西亞亞洲主教會議。

正月廿三日 與中國時報建教合作簽約。

正月廿六日 于東海大學「哲學與宗教」座談會主講「中國人的歷史觀」。

三月九日 接見比利時天主教教育秘書長(Ekwa)來訪,並陪同拜會教育部朱部長匯森。

三月十四日 參加中山學術文化基金會議委員會。

三月二十日 驗收行政大樓野聲樓。

三月廿一日 在教育部主持日間部聯招協調會。

四月八日 在中美堂主持祭天敬祖典禮。

四月十六日　東吳大學演講「中國哲學的未來展望」。
四月廿七日　召開「基督信仰與亞洲哲學思想」籌備會。
五月　七日　參加行政院「科技人力規劃及教育」座談會。
五月　八日　耕莘文教院演講「由人生價值觀看中國的未來」。
五月十一日　逢甲工商學院演講「現代中國青年的價值觀」強調建立優良道德觀。
五月十五日　教宗若望保祿二世不幸遇刺，特電致敬，並於十七日舉行彌撒祈禱。
五月十九日　烏拉圭大使來訪。
五月廿二日　參加行政院青年輔導委員會會議。
七月十四日
至　　赴香港開會。
十九日
七月廿七日　哲學大辭書籌備會議。
七月　卅日
卅一日　視察大專夜間部聯招考場。
八月　一日　爲研究中國天主教問題，批判中共有關宗教及天主教之乖謬理論與政策特成立天主教資料館，於七十二年二月改名爲「中國天主教史料研究中心」。
八 月十五日 參加中韓學者孫中山先生學術思想會議。
八 月廿四日 參加中華民國建史討論會。
九 月 一日 參加教育部大學法修訂會議。
九 月 八日 爲輔仁大學行政大樓野聲樓落成祝聖。
九 月廿五日 參加大專院校校長座談會。
十 月十四日 頒贈美國內布拉斯加州大學校長陸伯格名譽學位並簽約締盟。
十 月廿四日 於中華體育館舉行聖體大會。
十一月 廿日 接受蔣夫人「賀輔大野聲樓落成」繪畫。由蔣緯國將軍贈予，並舉行酒會。
十一月廿一日 受聘爲「三民主教統一中國研討會」大會主席團並爲分組會議主席。
十二月 九日 爲輔大野聲樓于樞機紀念銅像揭幕。
十二月十一日 由中國哲學會主辦演講「哲學與社會生活」。
十二月廿八日 耕莘文教院演講「總介中西文化交流」。
受聘爲教育部學術獎金文科審查小組委員會委員。

受聘爲行政院電視節目評議委員會委員。

本年著作：《生活的體味》，輔大出版社再版。

《中國哲學思想史——元明篇》，台灣學生書局初版。

民國七十一年（一九八二年）七十二歲

正　月十七日　組織哲學社每月定期舉行牧廬座談會。

二　月　一日　在東海大學演講「儒家的社會觀」。

二　月　九日　赴羅瑪參加普世博愛會國際性主教研討會。

二　月十二日　見傳信部長羅西樞機。

二　月十三日　見Baggia樞機，及高理耀樞機。

二　月廿一日　全體會員晉見教宗若望保祿二世。

二　月廿三日　中午，教宗邀在夏天別宮進中宴，座中有杜主教及副國務卿與傳信部次長。

二　月廿六日　見國務卿嘉沙洛里樞機（Casaroli）。

三　月　一日　周書楷大使宴教廷教育部長（Baum）樞機我倆談話很久。

三月三日 回台。

三月廿三日 於輔大與內政部合辦外籍傳教士座談會中演講「中國固有文化」。

四月七日 在中美堂祭天敬祖典禮。

四月十二日 爲工業技術學院演講「中國孝道的現代意義」。

五月十五日 爲輔大電腦中心落成剪綵。

五月十八日 爲淡江大學演講「社會變遷中的宗教信仰」。

五月廿四日 爲亞洲主教團開會主持開幕。

六月廿四日 爲雷鳴遠館落成祝聖。

七月五日 至 十五日 參加夏威夷國際朱熹學會，並提論文「朱熹的形上結構」。

八月卅日 蔣經國總統接見大學校長。

九月八日 聖言會百年紀念會彌撒。

九月十八日 紀念利瑪竇來華四百週年及東西文化國際會議舉行第一次籌備會。

九月廿五日 大眾教育傳播協會年會演講「新聞的時間性」。

十一月十四日　爲加強學生輔導工作之進行，成立輔仁大學學生輔導工作委員會，推行學生工作。

本年著作：《中國哲學思想史——先秦篇》，學生書局再版。

《中國哲學思想史——清代篇》，學生書局初版。

《中西宗教哲學比較研究》，中央文物供應社初版。

民國七十二年（一九八三年）七十三歲

正　月廿九日　召開全校行政人員座談會主題——「行政人員如何作好本身義務」。

二　月　十日　爲普世博愛運動成員講述「佛學思想」。

二　月廿三日　政治作戰學校演講「人生哲學」。

三　月　三日　榮獲七十一年行政院文化獎，頒獎授勳，其他二人爲張其昀博士與林伯壽先生，由嚴前總統頒發金質文化獎章、證書，及獎金三十萬元（已捐贈學校獎學金），並發表頒獎「述懷」一文於中央日報副刊（七十二年三月十六日）。

三　月十八日　頒贈多明尼加共和國天主教大學校長努涅士名譽哲學博士學位。

三月卅日　參加教育部大學課程修定委員會會議。

四月九日　參加亞洲基督教大學聯合會慶祝成立五十週年國際學術會議。

四月十一日　德國魯耳大學校長來訪。

中美堂敬天祭祖典禮。

四月十三日　中國主教團全體會議主教團改選，當選主席，各委員會亦分別改組。

四月廿五日　於彰化靜山司鐸研討會中演講「目前台灣天主教傳教情況」。

四月廿八日　淡江大學演講——「中國現代歷史觀」。

五月廿一日　主持全國大專運動會開幕式。

六月三日　於內政部研商宗教保護立法事宜。

六月廿七日　與美國紐澤西西東大學締結姊妹校。

八月十六日　舉行于樞機逝世五週年紀念大會於中山堂。

八月廿九日　召開校務發展計畫研討會，研訂校務中長程校務發展計劃用作今後施政依據。

九月二日　爲紀念利瑪竇來華四百週年，天主教文物展於省立博物館展出，並致開幕詞（請吉立友代辦剪綵）。

九　月　十日至十六日　紀念利瑪竇來華四百週年，舉行東西文化國際學術會議前後共七日。

十　月廿四日　頒贈波利維亞前總統西萊斯博士學位，增進中、波兩國友誼頗有助益。

十一月十三日　舉行利瑪竇來華四百週年紀念大禮彌撒——台北體育館。

十一月廿三日　中山科學研究院發展國防科學會議。

十一月廿四日　召開全校系主任座談合作觀念之溝通及意見之交換，以推展整個校務工作。

十二月廿七日　爲國民大會憲政研討委員會全體會議作學術演講。

受聘爲第五屆中國古典文學會議名譽主席續受聘爲中央黨部社工會宗教聯繫研究小組研究委員。

本年著作：《歷史哲學》，台灣商務印書館再版。

《儒家哲學的體系》，台灣學生書局初版。

《哲學與生活》，時報文化出版公司初版。

《教廷與中國使節史》，傳記文學社再版。

《徐光啓傳》，傳記文學社三版。

《利瑪竇傳》，台灣學生書局再版。

民國七十三年（一九八四年）七十四歲

二月五日至三月八日　前往羅瑪覲見教宗若望保祿二世，並發表「教廷與我國的外交關係」一文刊於中央日報（73.3.10）

三月十八日　受聘擔任行政院新聞局金鐘獎主任委員。

三月十九日　爲輔大活動中心——焯炤館破土典禮。

四月八日　於中華日報發表「反對墮胎合法化」的問題，強調對生命權的保障。

四月十一日　中美堂祭天敬祖。

五月四日　教宗若望保祿二世訪韓，特別赴韓國漢城參加韓國天主教兩百週年慶典。

五月五日至　召開中國主教團全體主教會議于百沙灣。

五　月十二日　八日　主持台灣天主教一百二十五年紀念大典。教宗若望保祿二世親函，表達對我教友關懷。
五　月十五日　頒贈教廷宣道部長羅西樞機主教名譽哲學博士學位。
八　月　十日　與美國愛俄華大學簽約締結姊妹校。
八　月　廿日　至　廿三日　主持中國哲學會主辦世界中國哲學會國際會議提論文「中西形上學本體論比較」。
九　月十七日　參加全國大專院校校長座談會，提高教育品質擴大培養人才。
九　月　受聘爲「廣播電視事業發展基金會」董事。
受聘爲教育部學術審議委員會第十六屆名譽委員。
受聘爲中華民國團結自強協會監事。
十一月十四日　接見哥斯大黎加總統部次長。
十一月廿四日　參加中國國民黨建黨九十週年紀念大會於陽明山中山樓。
本年著作：《中國哲學思想史——宋代理學篇》上下冊，台灣學生書局再版。

《中西歷史哲學比較研究》，中央文物供應社初版。
《中西法律哲學比較研究》，中央文物供應社初版。
《士林哲學——實踐篇》，台灣學生書局三版。
《士林哲學——理論篇》，台灣學生書局三版。

民國七十四年（一九八五年）七十五歲

正月十三日 參加台灣基督信仰大學校長會議。
正月十七日 在中山堂主持德肋撒姆姆演講會。
正月十九日 參加文化復興委員會道家研究小組會議。
正月廿三日 美國Seatun Hall大學校長Murphy蒙席來訪。
三月一日 招待日本南山大學校長。
三月二日 應三民主義大同盟邀爲桃園地區演講倫理教育。
三月十一日至 召開中國倫理教育基礎國際學術研討會。

十四日

三　月廿一日　主持藝術學院破土及學生活動中心——焯炤館啓用典禮。

四　月　三日　祭天敬祖。

四　月十一日至五　月　二日　任中華民國教育訪問團團長與一行八人赴美訪問留美校友，除晉謁董事長蔣夫人外，並加強與本校畢業校友間聯繫，且宣慰留學生及華僑教友，共到達紐約、波士頓、芝加哥、達拉斯、休芹頓、舊金山、洛杉磯七處。

五　月　六日　主持夜間部聯招會全體會議。下午，因病入宏恩醫院。

五　月十三日　爲聖保祿孝女會創會七十五週年舉行感恩彌撒，特別在證道中強調傳播工具重要。

五　月十六日　歡宴南非麥肯樞機主教。

五　月廿一日　出醫院回牧廬。

五　月廿六日　與美國賓州斯克蘭頓大學締結姊妹校。

五　月廿七日　教育部次長陳梅生來談設立宗教院學系事，結論先設研究所。

六　月廿八日　回教育部暫不設宗教研究所。

七　月　六日　主持近現代中日關係國際學術研討會。
八　月　六日　參加第四屆國際服裝學術會議，開幕禮，致詞。
八　月廿七日　頒贈輔仁大學傑出校友獎給張秀亞女士。
九　月　九日　慶祝狄剛總主教晉升彌撒。
九　月十四日　在教育部社教司舉辦「文化專題演講」會中發表演講——「儒家的商業道德」。
九　月十六日　參加新聞局廣電事業發展基金第一屆董監事會。
九　月廿二日　參加「三民主義與現代文化」學術研討會。
九　月廿八日　應邀在總統府「大成至聖先師孔子誕辰中樞紀念典禮」演講——「生命在儒家的意義」。
十　月十一日　接受韓國曉星女子大學名譽文學博士學位，並雙方締結姊妹校。
十　月十七日　於倫理大會生活品質研討會中演講——「倫理生活與民族復興」。
十　月三十日　頒贈西柏林中國之反協會史密茲會長名譽博士學位。
十一月　二日　赴羅瑪，中國主教團述職。
十一月　六日　訪問高理耀樞機、Gatin樞機、國務院政務副卿Silvestrini、總主教。

十一月　七日　晉見教宗。

十一月　八日　訪教廷常務副卿Martineg總主教，中國主教團晉見教宗述職，中午，教宗邀請聚餐。

十一月　九日　在教宗私人聖堂與教宗共祭。拜訪Baggi樞機，中午宴高理耀樞機。

十一月　十日　宴傳信部長前部長Rossi樞機。

十一月十一日　中國主教團訪問萬民傳福音部長（傳信部）董高樞機。宴Gattin樞機。

十一月十二日　訪教廷教育部部長Bann樞機。

十一月廿四日　參加紀念第二屆大公會議二十五週年特別主教代表會議。

十一月廿七日　在會場外與教廷國務卿嘉莎洛里樞機談話半小時。

十一月　卅日　在羅瑪來來飯店宴亞洲各國主教團主席。

十二月　八日　特別主教代表會議閉幕。

十二月　十日　離羅瑪回台。

十二月　卅日　榮獲美國賓州聖文森大學名譽博士學位，並締結姊妹校。

本年著作：《生命哲學》，台灣學生書局初版。

公教教義修訂為《天主教教義》，輔大出版社再版。

《人生哲學》，輔仁大學出版社初版。

民國七十五年（一九八六年）七十六歲

正 月十二日 在嘉義祝聖林天助主教。
正 月十五日 頒贈名譽博士與韓國曉星女子大學校長余碩在蒙席。
正 月十八日 主席夜間部聯招會結束會議。
二 月 五日 應邀在「中西文化比較研習會」演講——中西文化的精神生活。
二 月 九日 晉鐸五十週年在天母牧廬紀念。
二 月廿一日 在聖家堂主持吳經熊資政殯禮彌撒。
二 月廿四日 參加國際孔學會會議籌備會任副主席。
二 月廿七日 宴日本南山大學校長。
三 月 二日 因病入榮民總醫院。
三 月十九日 出醫院回牧廬。
四 月 四日 在高雄中山大學中山學術研究所講民族主義與倫理道德。
四 月廿四日 為東亞教友代表大會開幕主持彌撒證道。

四月廿六日　歡送教廷駐華大使公使銜參事臨時代辦吉立友蒙席。
五月廿一日　晉鐸金慶晉牧銀慶在輔仁大學舉行，上午在歷史博物館畫展開幕，下午在輔仁大學中美堂感恩彌撒。
五月廿九日　在新竹主持杜寶晉主教殯禮彌撒。
六月　二日　在聖家堂主持福建省主席戴仲玉殯禮彌撒。
六月廿四日　因病入榮總醫院。
七月　九日　出病院回牧廬。
七月十七日　在教育電台錄影錄音播送「人文教育的基本觀念」。
八月十七日　主持自由基金會召開儒家與現代研討會。
八月廿四日　在華視視聽中心演講講生活的品質。
九月　二日　赴日本參加蔣介石先生遺像顯彰會。
十月　三日　國際天主教大會協會秘書長（Michel Michaut）來訪。
十月　四日　參加全國大專院校校長座談會。
十月　廿日　接見菲律賓六位大學教授訪問團。
十月廿八日　在中央圖書館參加蔣中正先生與現代中國國際學術會議。
十月卅一日　在中正紀念堂參加蔣中正總統百年誕辰紀念會。

十一月　十日　在香港慶賀衡陽教區代理主教張旭晉鐸五十週年。

十一月十八日　因在牧廬突發心臟不適進住榮民總醫院。

十一月廿二日　出醫院回牧廬。

十一月廿五日　往士林官邸晉見董事長蔣宋美齡夫人。

十二月　八日　頒贈鹿內信隆名譽博士。

十二月十四日　在輔仁大學中美堂主持中國第一屆國籍主教祝聖六十週年紀念，參加主教十四位。

十二月十八日　在淡江大學參加第一屆中國近代宗教與政治關係國際學術會議開幕禮，作專題演講。

十二月十九日　頒發金炬獎。

民國七十六年（一九八七年）七十七歲

正　月十六日　設立輔仁大學醫院籌備委員會。

二　月　七日　在輔仁大學宴主業會總會長Alvaro Potillo主教。

二　月　十日　參加教育部召開全國公私立大學暨獨立學院校院長會議。

二月十一日　主持輔仁大學第四女生宿合破土禮。
二月廿一日　祝聖輔仁大學藝術學院大樓。
三月十四日　在台南成功大學演講，講題爲歷史哲學。
四月　二日　祭天敬祖典禮。
四月　八日　蔣夫人贈水墨畫上下集和最近言論集一冊。
四月十一日　在師範大學演講，從宗教看道德教育。
四月十五日　主持第一屆弦樂教育國際學術研討會開幕禮致詞。
四月廿五日　在文化大學講在中華文化中道德教育的重要性。
四月廿七日　馬尼拉聖多瑪斯大學校長Noberto Castillo來訪，兩校締結姊妹校。
四月廿九日　開始寫《生活的修養與境界》。
五月　七日　因病住榮民總醫院。
五月廿五日　離開榮總回牧廬。
六月廿九日　開始由中醫邢超然治病。
七月十三日　參加方東美教授逝世十週年紀念會致詞。
七月廿四日　在嘉義主持田耕莘樞機逝世二十週年追思彌撒。
八月十一日　在教育部參加私立大學校院校長會議。

八　月　　　益世雜誌停刊。自六十九年十月創刊。
九　月　三日　在台北忠烈祠主持雷鳴遠神父入祀忠烈祠十週年紀念禮。
九　月　六日　完結《生命的修養與境界》稿。
九　月廿九日　停止文化大學授課。
十　月十四日　頒贈名譽博士與菲律賓首席大法官鄭建祥。
十一月　六日　頒贈金炬獎與四部最佳影片獎。
十一月　七日　教育部批准輔仁大學設翻譯研究所。
十一月十三日　國際孔學會議開幕會議由陳立夫、羅光主持。
十二月廿四日　頒贈名譽博士與孔令侃先生，蔣夫人宋美齡董事長來參禮。
十二月　卅日　頒贈名譽博士與加州大學總校長Ann女士，米蘭聖心大學校長。

民國七十七年（一九八八年）七十八歲

正　月　六日　開始佈置輔仁大學設置的中國天主教文物館。
正　月十六日　主持輔仁大學追思蔣經國總統彌撒。
正　月廿六日　在總統府參加李登輝總統教育座談會。

參加者大學校長五人，中小學校長六人，大學教授一人。

正　月　卅日　參加蔣故總統經國先生殯禮。

二　月　一日　參加全國教育會議。

二　月　九日　全國福傳大會在輔仁大學開幕，致詞。

二　月十二日　陪傳信部長董高樞機晉見李登輝總統。

二　月十三日　頒贈董高樞機名譽博士。

二　月廿二日　因病入台北榮民總醫院。

三　月十四日　離開醫院回牧廬。

三　月　卅日　祭天敬祖典禮。

四　月廿九日　陪羅培資樞機Lopez晉見李登輝總統。

五　月　三日　參加孝行獎頒發典禮，頒獎。

五　月　五日　在中央日報社參加三代同堂座談會，爲響應羅光於本年三月廿二日在中央日報發起三代同堂運動。

六　月　六日　赴香港參加基督信仰與中國傳統學術研討會，在港與妹詩順會晤。

六　月　八日　在旅館和金魯賢主教會談。

六　月　九日　基督信仰與中國傳統學術會議開幕作主題演講。

六月十七日 在逢甲大學講人文意識的社會。
六月廿四日 參加行政院長俞國華召開大學校長對高等教育座談會。
七月十二日 因病入台北榮民總醫院，十八日出院。
八月十五日 主持在中央圖書館召開于斌樞機逝世十週年紀念會。
九月一日 韓國慶熙大學理事長趙永慶博士電告國際大學協會頒贈本年和平獎。
九月九日 在陽明山革命實踐學院參加全國大專院校院長座談會。
十月十四日 陪輔仁大學董事會董事在士林官邸與董事長蔣夫人宋美齡座談。
十月廿七日 召開益世評論籌備會。
十月廿九日 韓國慶熙大學校長趙永慶夫婦來訪。
十一月七日 外交部連戰部長約談往梵蒂岡代表，李登輝總統邀請教宗在赴韓國途中，來台灣訪問。
十二月八日 晉見李登輝總統，總統以親筆致教宗書交由代呈。
十二月九日 起程赴羅瑪。
十二月十日 抵羅瑪。
十二月十四日 往見副國務卿葛錫迪總主教，副國務卿Sodano總主教。

十二月十五日　往見Etchegaroy樞機、Poupard樞機，晚周書楷大使設宴。
十二月十六日　晉見教宗。
十二月十七日　在教宗私人聖堂同賈彥文總主教與教宗共祭，彌撒後與教宗共進早餐，往見向萬民宣道部見董高部長樞機，晚周書楷大使設宴。
十二月十九日　往教宗教育部見Baum部長樞機。
十二月　廿日　離羅瑪回台北，二十一日抵台北。
十二月廿六日　往外交部見連戰部長。

民國七十八年（一九八九年）七十九歲

正　月　一日　昨晚進入台北榮民總醫院，在病房，坐床行彌撒，因來客多，醫師在門外貼「謝絕訪客」。
正　月十一日　離開榮總醫院回牧廬。
正　月十六日　晉見李登輝總統，報告在羅瑪晉見教宗之經過。
正　月廿六日　在輔仁大學設立中西文化研究中心。
二　月　六日　聖言會總會長來訪，促培植青年神父任教授。

二月廿一日 開始寫《耶穌基督是誰》。
二月廿二日 美國漢學家狄培里夫婦來訪。
三月 十日 在耕莘文教院與星雲法師公開座談宗教。
三月廿二日 祭天敬祖典禮。
四月 十日 波蘭馬佳斯基樞機應輔仁大學邀請訪華。
四月十二日 頒贈馬佳斯基樞機名譽博士。
四月廿二日 在豐原頒發表彰孝行獎。
四月廿五日 參加花蓮牧靈中心落成典禮。
五月 一日 發行益世評論雙週刊。
五月廿二日 發起全國天主教教友祈禱，支援大陸學生爲民主自由而奮鬥。
六月十一日 在台北聖家堂主持追悼大陸死難青年彌撒。
六月廿四日 參加故宮博物院文物清點委員會第一次會議。
七月 七日 參加教育部召開大學院校必修課且修訂會議。
八月十一日 任行政院政黨審議委員會委員，委員十二人。
八月廿四日 《耶穌基督是誰》出版。

九　月　五日　政黨審議委員會首次開會。
九　月廿二日　接教育部公文准成立醫學院設護理學和公共衛生學兩系。
十　月　三日　頒贈名譽博士予大陸龔品梅主教、鄧以明總主教，表彰爲義受苦的精神。
十二月　四日　歡迎被邀請教廷文化委員會主任包蒲樞機Poupard來華訪問。
十二月　六日　頒贈包蒲樞機名譽博士。
十二月　八日　主持輔仁大學創校六十週年校慶，教育部長李煥致詞。
十二月十四日　歡宴耶穌會總會長。
十二月十九日　主持中華文化與現代生活學術研討會開幕禮。

民國七十九年（一九九〇年）八十歲

正　月十二日　參加中華佛學國際會議開幕禮，致詞。
正　月十七日　在中山堂復興廳爲世界資深公民會演講，講題爲「善渡餘年」。
正　月廿四日　挪威Oslo大學校長來訪。
二　月廿一日　韓國曉星女子大學訪問團來訪。

三月　廿日　晚，到中正紀念堂探視靜坐抗議的學生。
三月廿四日　參加在輔仁大學召開的國際音韻研究會，致開幕詞。
三月廿七日　在中央日報大禮堂爲十大傑出青年頒獎。
下午，與十大傑出青年晉見李登輝總統。
四月廿二日　內政部長許水德來天母牧盧拜訪，請以教會力量擴大道德影響力。當面送許部長七個改善治安的方案。
四月廿五日　主持第二屆電視形像學術會開幕禮，致詞。
五月十四日　與大學校長，一共九人，在總統府與李登輝總統座談國是會議事。
六月廿六日　主持兒童哲學國際研討會開幕禮，致詞。
七月十七日　招待羅瑪主教部部長嘉定樞機（Gatin）。
八月　七日　義大利波洛讓大學（Bologna）校長相訪。波洛讓爲世界最古之大學。
八月　九日　主辦大學夜間部聯考，到闈場巡視。
八月十七日　寫生命哲學訂定本序。
九月　十日　在總統府貴賓室，應邀參加國統會諮詢會議，李登輝總統與應邀十一位座談者談話。

九　月廿六日　參加錢穆教授殯禮，充覆蓋國旗委員。
九　月廿八日　主持文學與宗教國際研討會開幕禮致開幕詞。
十　月十二日　主持輔大醫學院破土典禮。
十　月十三日　在聖家堂主持蔣復聰爵士殯禮彌撒。
十一月　八日　高理耀樞機在輔大淨心堂成立台灣聖墓騎士團典禮，被任爲團長，贈高理耀樞機名譽博士。
十一月　十日　參加全國文化會議。
十一月廿九日　主持司鐸聖召神學意義學術研討會開幕禮致開幕詞。
十二月　五日　韓國西江大學校長來訪。
十二月廿七日　主持生命哲學研討會，作主題演講。
十二月廿九日　主持元好問生辰八百週年學術會議開幕禮致開幕詞。

民國八十年（一九九一年）八十一歲

正　月　二日　改完儒家形上學。
正　月廿一日　住台北榮民總醫院。

正　月卅一日　出榮民總醫院回牧廬。

二　月　一日　在教育部主持大學聯招試務會議。

二　月廿一日　湖南同鄉黃少谷、楚崧秋、秦孝儀三位先生聯名請茗賀八十壽。席設一桌於摩耶精舍，同席除三位主人外，有李元簇副總統、袁守謙、唐振楚、曹聖芬、梅可望、張京育、吳俊才、黃幸強、唐盼盼、馬英九。共十四人。宋楚瑜因事先期請謝。

三　月十九日　在教育部主持聯招試務會議。

三　月廿八日　中華文化復興運動總會成立，被選爲委員。

三　月廿九日　參加教育部召開公私立大學校長會議。

四　月　十日　祭天敬祖。

五　月　二日　核定輔仁大學聖光社辦理婦女大學班辦法。

五　月　四日　參加宗教社會教化功能研討會開幕禮致詞。

五　月　六日　瑞士Transbourg大學校長來訪。

五　月　十日　比國De Mont大學校長來訪。

五　月廿四日　參加中國人價值觀國際學術會。

五　月廿九日　參加基督信仰高等教育在中國之角色研討論。
七　月　一日　主持大學校聯招。
八　月　七日　住台北榮民總醫院，檢查心臟。
八　月十六日　離開榮總回牧廬。
九　月廿三日　參加亞洲地區宗教表達形式比較研討會，發表專題演講。
十　月十六日　美國加州國際大學校長來訪，主持輔仁大學朝櫺樓落成禮。
十　月十九日　主持國家建設與儒家思想研討會開幕禮，作主題演講。
十一月十二日　參加蔣復聰先生九四冥誕紀念學術會作專題演講。
十一月廿六日　接待美國紐約聖若望大學訪問團。
十二月　八日　主持頒贈榮譽博士與日本遠滕周作家典禮。各報刊登九位大學校長聯名聲明呼籲政治人物放棄敵對思想，九位大學中有輔仁大學。
十二月廿六日　參加孫逸仙思想與廿一世紀國際研討會開幕禮致詞。

民國八十一年（一九九二年）八十二歲

正　月　六日　參觀錢穆紀念館素書樓，該館今天午前開幕。

正　月廿三日　主持大專院校學生民生與法治生活研習會開業禮。
正　月廿五日　中央日報刊登告別輔仁大學講話。
二　月　二日　輔仁大學舊新校長交接禮，在彌撒中舉行由教廷教育部長拉基樞機（Card Lachi）主持。董事會聘為榮譽校長，輔仁大學新校長李振英蒙席送終身講座教授聘書。
二　月廿三日　中央日報社論「一個中國人社會的建立，就從中國人的大學開始」一文中說「輔仁大學前任校長羅光先生就是努力在校園中營造中國人文精神的一個代表：羅光校長的作法有許多值得教育界參考的地方。」
二　月廿七日　第一次到台灣師範大學三民主義研究所博士班授課。
三　月　九日　頒發十大傑出青年獎，午後陪同十大傑出青年晉見李登輝總統。
三　月廿七日　教育部政務次長趙金祁，高教司劉司長到輔仁大學頒贈銀盾，表彰對教育的貢獻。
四　月　九日　主持汎亞天主教哲學人學術討論會。
四　月廿六日　參加剛恒毅代表抵華七十週年紀念會，講剛代表抵華的意義。
五　月廿七日　中央日報刊登呼籲宗教界聯合發起重建家庭倫理運動。

五　月廿九日　在中央研究院主持朱子學術會議第一次討論會。
六　月十四日　在輔大參加婦女大學班第一屆結業典禮。
六　月十九日　主持台北榮民總醫院所設置天主教聖堂開幕彌撒及祝聖禮。
七　月十三日　完畢人生哲學訂定本稿。
九　月十七日　在輔仁大學士林哲學中心的聖奧思定思想研究會講演，講「聖奧思定思想中的我」。
十　月廿二日　在「湯若望生辰四百週年學術研討會」作主題演講，講「湯若望在中國學術及教會史上的地位」。
十　月廿六日　寫哲學大辭書序。
十一月　七日　報章公佈第二屆監察委員提名審薦小組委員委員九人，李元簇副總統、洪壽南、倪文亞、高玉樹、蔣彥士、陳寶川、陳金讓、酆學福、羅光。
十一月十六日　第二屆監察委員提名審薦小組，在總統府副總統辦公室第一次會議。
十一月廿四日　主持六大宗教領袖聯合舉行記者會，共同聲明促舉淨化選舉。
十二月　八日　輔仁大學醫學院大樓落成典禮，剪綵，致詞。
十二月廿四日　結束監察委員提名審薦小組末次會議。

民國八十二年（一九九三年）八十三歲

正　月　一日　在台北主教座堂為留台北十六國外僑行元旦彌撒聖祭。

正　月　五日　葉醉白將軍贈所繪馬一幅。

三　月廿六日　在中央日報會議室參加宗教力量淨化家庭座談會，講天主教淨化家庭，座談會由中央日報再與文教基金會，關天師天心慈善基金會，共同舉辦。

五　月　一日　開始修訂《耶穌基督是誰》。

六　月　二日　《王船山形上思想》出版。

六　月　三日　王船山學術研討會在故宮博物院開幕，我作主題演講，「王船山思想的系統觀」。

六　月　六日　主持王船山學術研討會閉幕禮，致閉幕詞。

六　月廿二日　增訂《耶穌基督是誰》草稿完成。

七　月　一日　往三軍總醫院探望俞大維部長病況。這次係最後一次和俞部長見面。

九　月十一日　福音生活詮釋完畢。

十　月　四日　《耶穌基督是誰》增訂本出版。
十　月十八日　中央日報刊登「曾國藩家書的五倫道德」一文。
十　月十九日　在故宮博物院的曾國藩逝世兩甲子紀念演講會。
十二月　八日　開始寫《我們的聖母》。

民國八十三年(一九九四年)八十四歲

正　月　六日　作生命哲學再續編序。
正　月　十日　生活圖書公司出版《大陸最佳去處》十八冊。
正　月十三日　福音生活出版，今天收到，特獻於基督。
正　月　廿日　開始寫《我們的聖母》。
正　月廿八日　開始加編福音生活家庭聖經篇。
二　月十二日　在佛光山台北道場作演講，講題爲「生活的活水」。
二　月廿二日　完畢《我們的聖母》草稿。
三　月　三日　在基督教與中國現代化學術研討會發表論文演講，講題爲「天主教士林哲學對中國哲學的現代化」。

四　月十三日　以全部中文著作五十四冊分別贈輔仁大學哲學研究所，和附設的神學院。
五　月十四日　在中國哲學會舉辦的中國生死觀學術研討會作主題演講，講中國人的生死觀。
五　月　廿日　組織《羅光全書》出版委員會。
六　月十四日　開始寫《儒家的生命哲學》。
六　月廿三日　參加第七次全國教育會議。
七　月十一日　《羅光全書》編印委員會第一次會議。
七　月廿五日　主持佛教與中國文化學術會議閉幕禮，這次會議由文化復興總會宗教委員會主辦任大會會長。
九　月　七日　《我們的聖母》出版。
九　月十一日　《儒家的生命哲學》草稿寫完。
九　月廿六日　孟高維諾來華七日週年學術會議，作主題演講，中國天主教第一位傳教士。
九　月三十日　參加輔仁大學主辦家庭研討會，講天主教家庭婚姻觀。

十　月十八日　寫完《宗徒訓示》草稿。

十一月　辭台北市選舉委員會會員。

十二月十六日　參加元代天主教研究學術會議，作主題演講：元代天主教概況。

十二月廿五日　參加譚嗣同仁學學術研討會，作主題演講：譚嗣同的仁學。

生平零縑

一九三一年十月出國護照照片

一九二九年七月十七日聖心修院院長李公佐才留別紀念

中國第一次赴羅瑪朝聖團當時羅光尚是修生

一九三一年著羅瑪傳信大學校服留影

一九三一年與同學郭藩合照

剛恒毅總主教和傳信大學中國學生合影

一九三六年二月九日受聖為司鐸

羅光攝於傳信大學

羅光任教廷使館教務顧問

一九四八年副簽名吳經熊公使所譯新經全集可以付印

中國第一次派使團徐道陵等參加碧岳十二就職典禮

教宗碧岳十二與中國使節團合影

一九四七年教宗碧岳第十二與中國駐教廷第二任公使吳經熊博士全家合影

一九五九年謝壽康大使呈遞國書
桂宗堯、謝大使、羅光、謝光迪合影

田耕莘樞機與傳信大學中國學生合影

教宗若望二十三世與中國使節團

教宗若望二十三世與主教們合影

一九六一年五月二十一日在聖伯多祿大殿自教宗若望
二十三世手中領受主教職

一九六一年九月八日在台南就職為台南教區主教

一九六二年羅主教創碧岳修院於台南

一九六三年中國參加大公會議主教覲見教宗保祿六世

一九六三年羅瑪大公會議傳教委員會羅光為副主席

一九六四年羅主教所設計興建的台南主教座堂

一九六四年第三屆大公會議開幕教宗首次共祭羅光為共祭主教

一九六六年三月十日覲見教宗保祿六世共看中國全圖
（地圖）

一九六六年五月一日歡迎羅總主教蒞臨台北就總主教職

就職台北總主教典禮

一九六六年請馬尼拉桑多斯樞機為耕莘醫院行奠基禮
晉見蔣中正總統

一九六八年蔣宋美齡夫人為耕莘醫院落成剪綵

一九六八年耕莘醫院開幕

一九六八年羅主教所設計興建的台北主教公署落成

一九七四年天主教亞洲主教團協會第一屆全體會議

大公會議二十五週年全球主教團主席會議

一九七八年八月二日新舊任校長交接典禮

一九七八年八月二日就任輔大校長職

一九七八年八月十四日在國父紀念館主持追思教宗保祿六世

一九八一年輔仁大學行政大樓啟用

一九八三年三月三日榮獲中華民國文化獎

一九八五年主教團見教宗若望保祿二世

教宗若望保祿二世與中國主教團共同祈禱

一九八六年祝聖嘉義林天助主教

一九八六年教宗接見中國主教團及神父信友

一九八八年見教宗若望保祿二世

一九九二年二月校長交接禮

教育次長贈獎牌

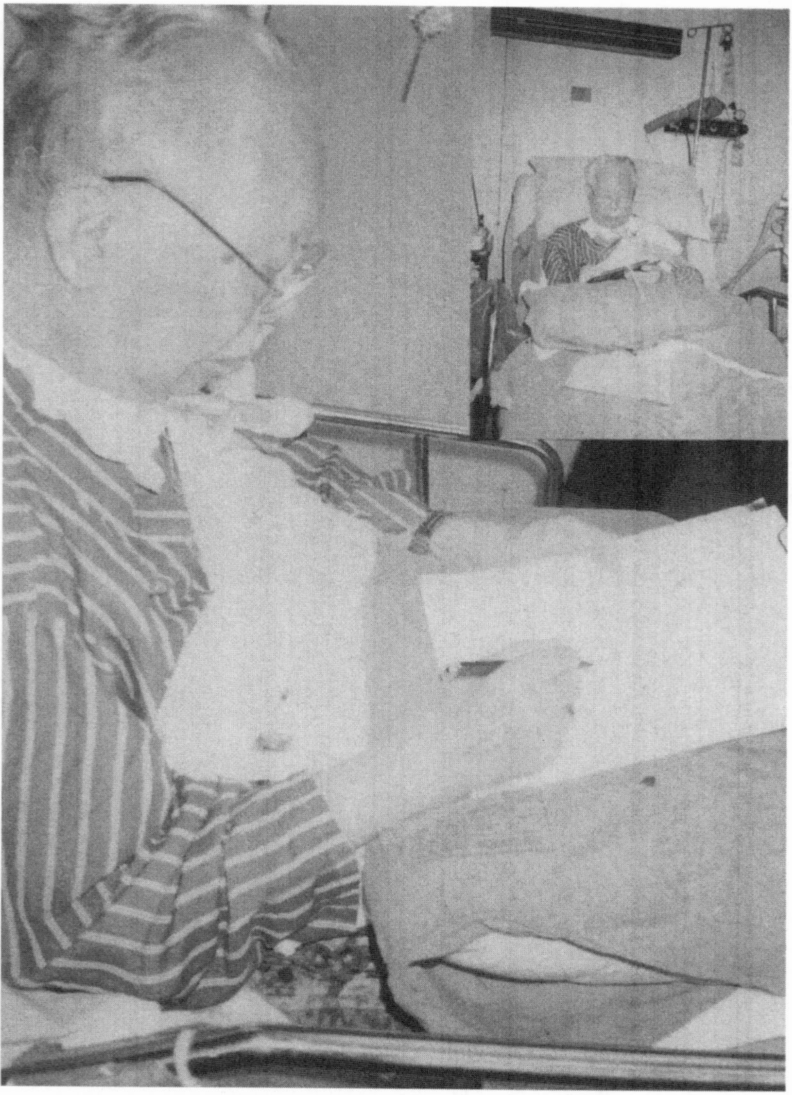

一九九六年六月二十五日攝於榮民總醫院

主教行祭證道

雅交墨竹馬畫集

目次

羅青作品展自序

余何堪敢言書畫吾抑何敢言畫僅以水墨調情適意聊然也繁劇百技之棋書畫叢爲得乎者之家事人余不習琴更不諳棋書不能善乃選一畫昔年旅居雅瑪授課傍信大學兼職駐校遂係館大德造謝其原江彭先生文人學者也曾留學法比友律楚鳴居造廬幸藝承教晚年書畫行能務有暇頓作畫幸遇藝方規戲謂作畫適情不求養生之道余答欲試謝後即以所事書畫相贈笑不只以律作鴻畫

萬葉出示寫竹冊之謝佐作以宋元畫家為師畫
筆法蒼厚勁竹幹有力竹葉有勁最忌葉亂枝
繁而如子之風切識自然鄭板橋畫竹用筆余嘗
觀詳使手法畢具心得作馬則全憑又觀畫冊石和動筆
先後亦不識安插四足奔行跑姿勢更不成章亂
畢生習馬筆墨業之一週兩江執筆調節工作四年如斯
民五十年來台定居台南五載台北又二十秋每週兩次定期作
畫過故則數故友雷震遠神父曹以西醉翁畫匠伴樂
歸繪業兩家畫法有別余才拙但不克承仿故宮博物
院所藏郎世寧傑作余祇能嘆賞而已友朋弟門生婁

自國外購筆墨作禮，二十年畫作盈案者多，存者亦有
朋輩同門學者門生婿媳，我遷居者亦求我作向
贈稽。今年逢余晉鐸五十年，晉主教二十五年，
教中人與輔仁大學諸先生欲以為賀，台北市美館已成
雅習畫者屢屢舉行作品展，不若舉辦之賀禮，友
朋相聚，借機溫習舊日情誼，一樂事，余故採
納此舉，作此展覽，以所作書畫及所作書籍陳列
同教，承錦數十紙，助回憶年然，祇為展，不敢稱
覽，聊博友朋一笑，知我者其諒我乎。

民七五年五月二十一日
羅光序於天母牧廬
羅光

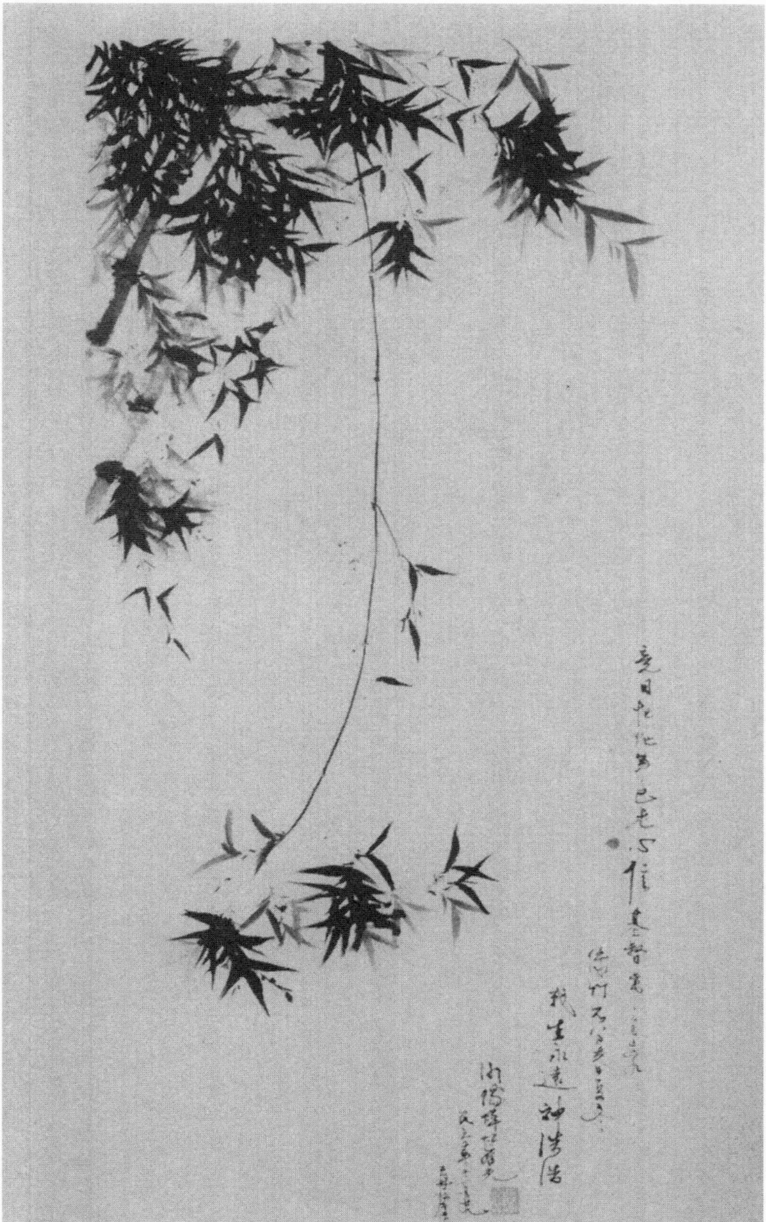

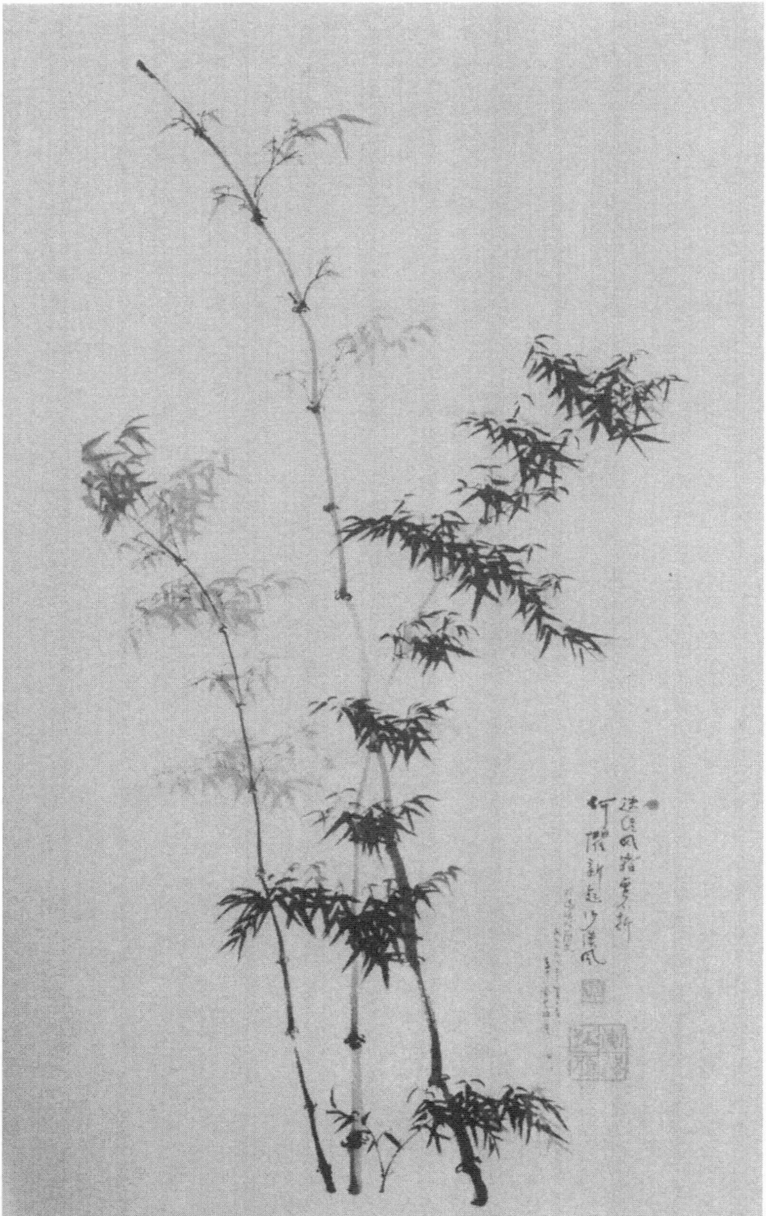

誰言寸草心
報得三春暉

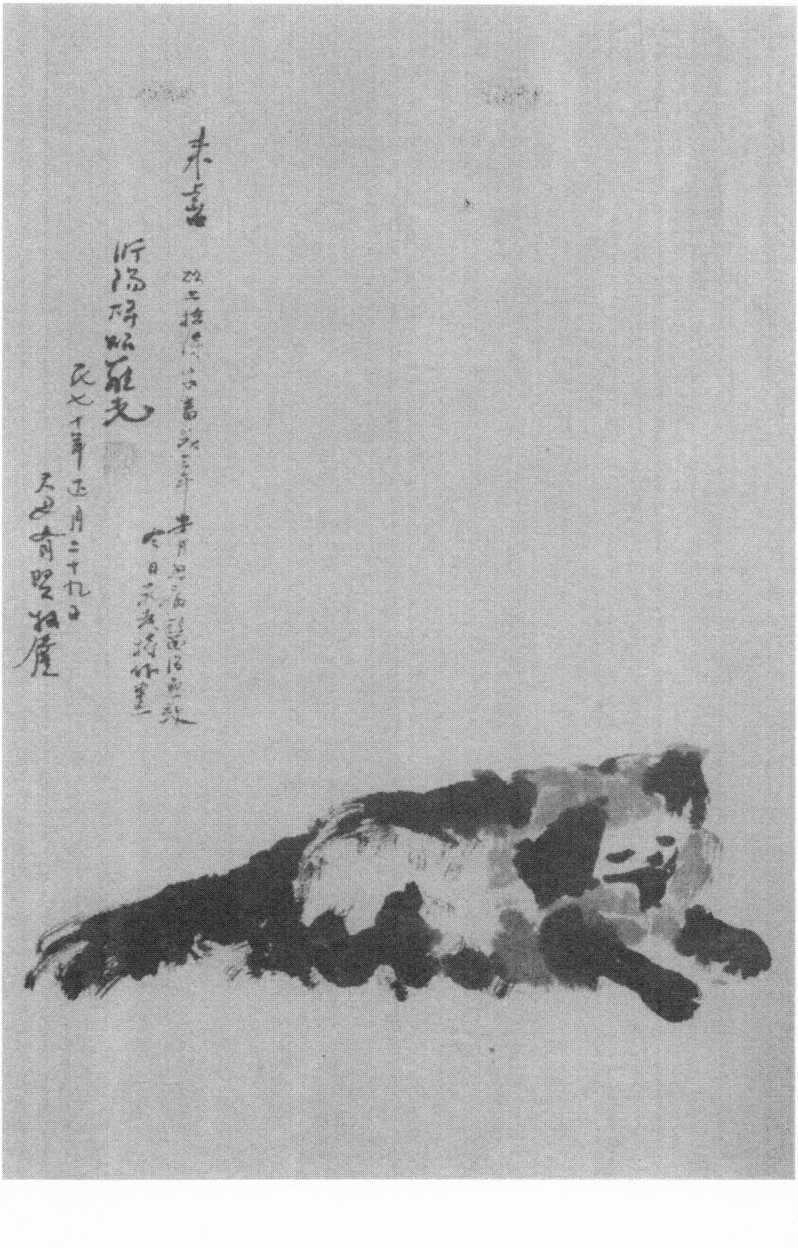

冷風冷雨漆漆竹的
一片稻米深田更美

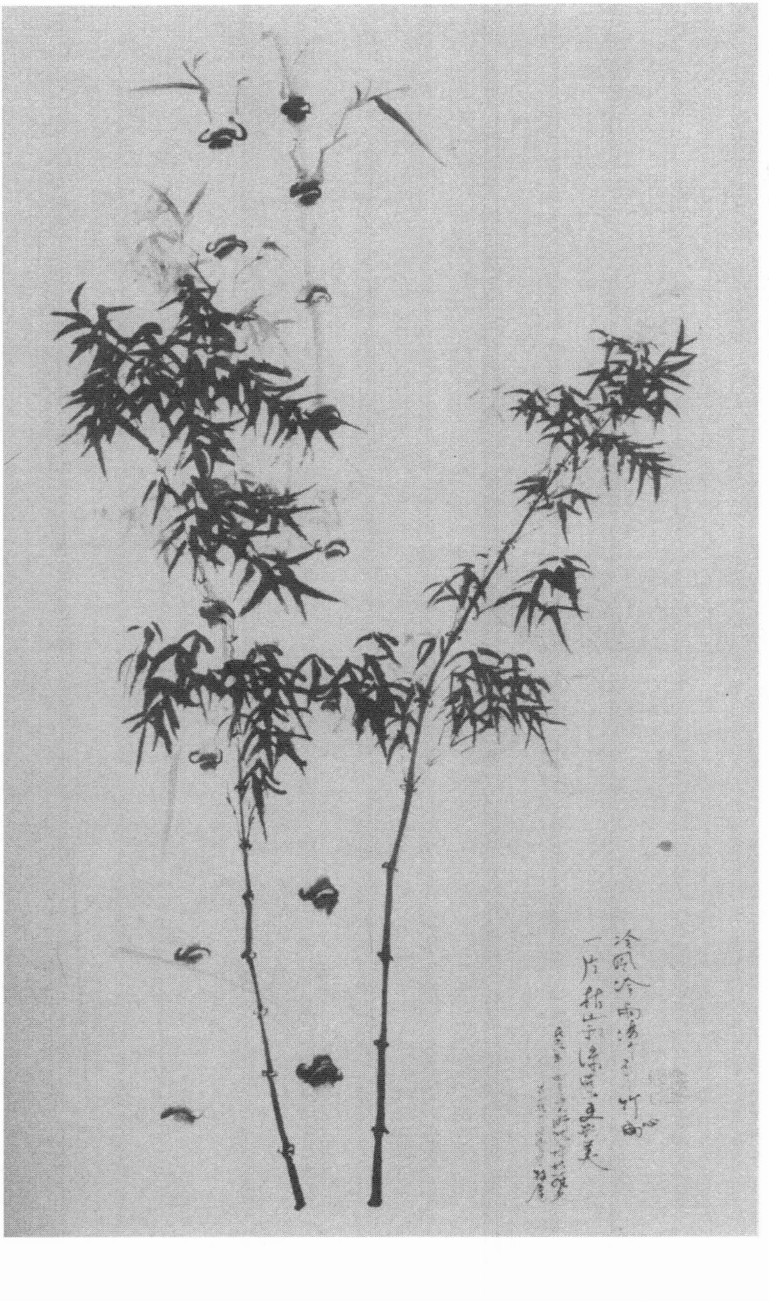

举目望青山　悠悠何天顏　偉哉造物主

吾心所仰慕　有意作金湯　小子何足慮

尔立主扶持　足跟逐波移　尔眼主守護

養和嬌兒佑尔無私愛　文化慈母恩

慈母有時倦　尔主永不眠　朝日不復書

育你無不業　行藏句非主　自無怨

盛哉主大德　荒恩尔不匱

君子人也

殷勤扣我主一神武吏超平生扡竹之

阿乎寧守不篤無主四中情報婦瑶念豪

莹思帝居聖道縱谷行来侍達人坐

未借如徒之拳以書集如何勇敢自足

氏乎修淨職演運把剧惶誦我忍愿意

誦主玄妙硯心莘朵庭惮

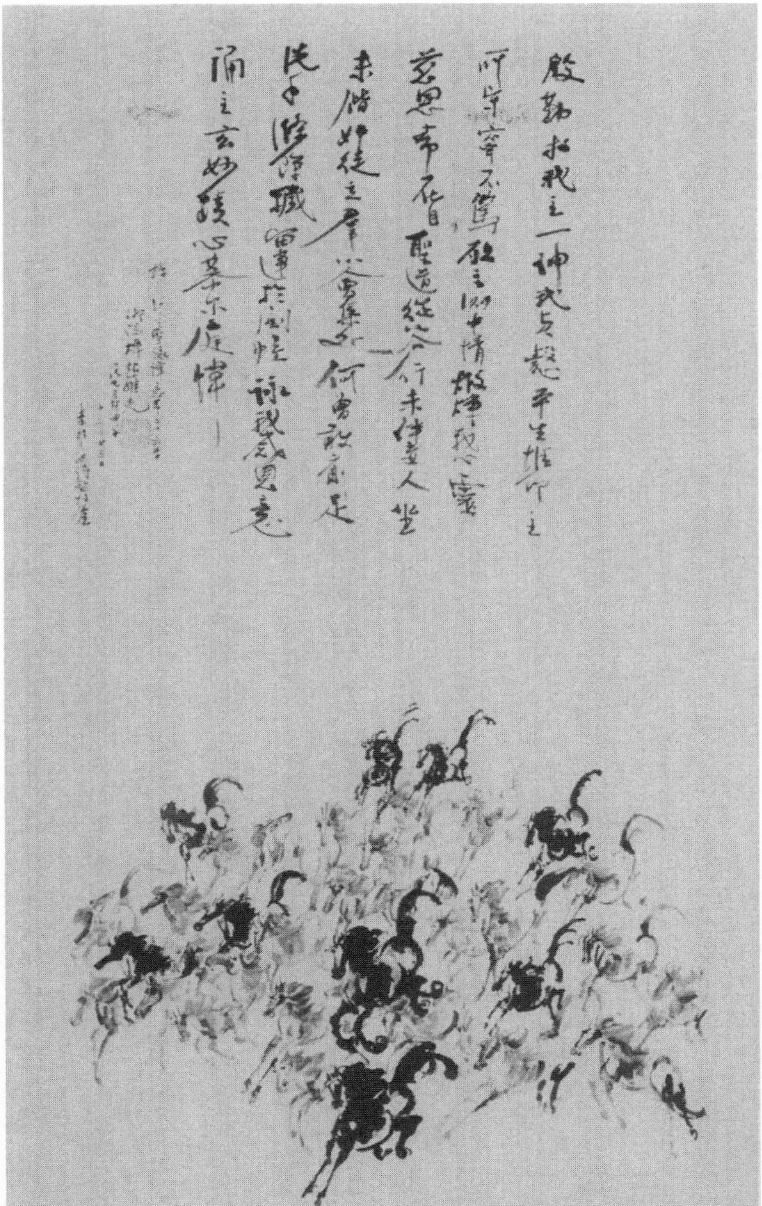

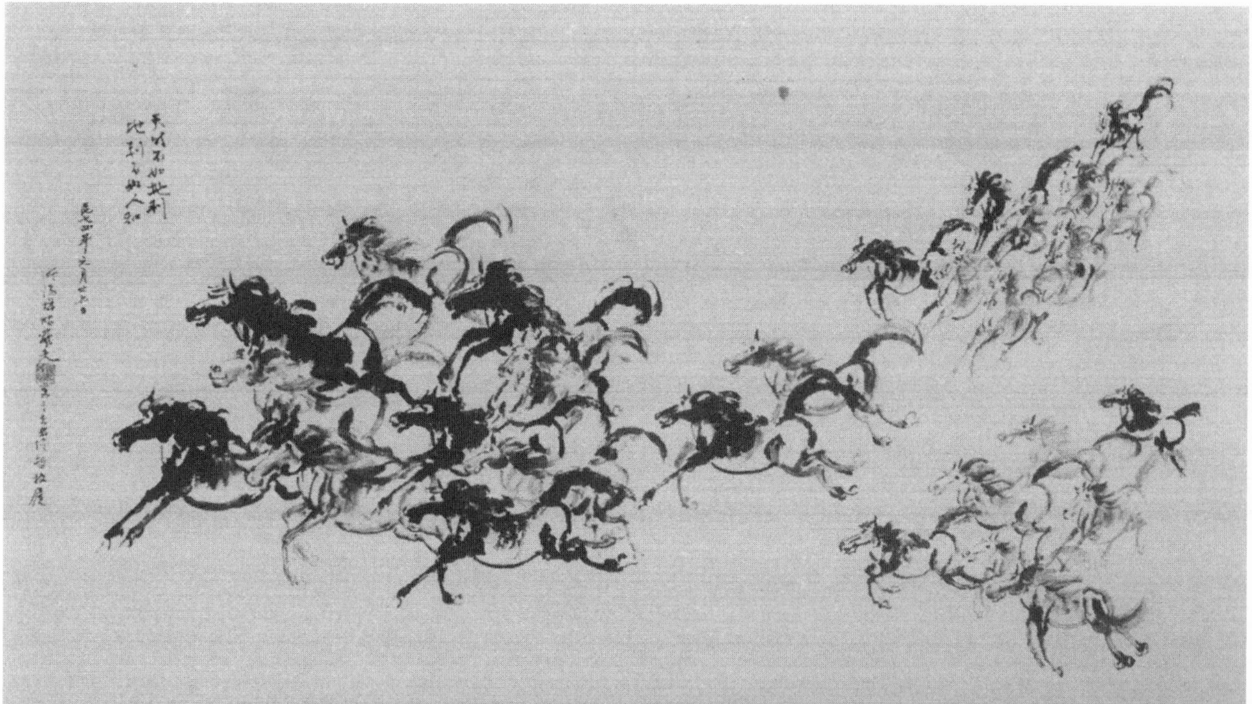
天時不如地利
地利不如人和

難中見真情

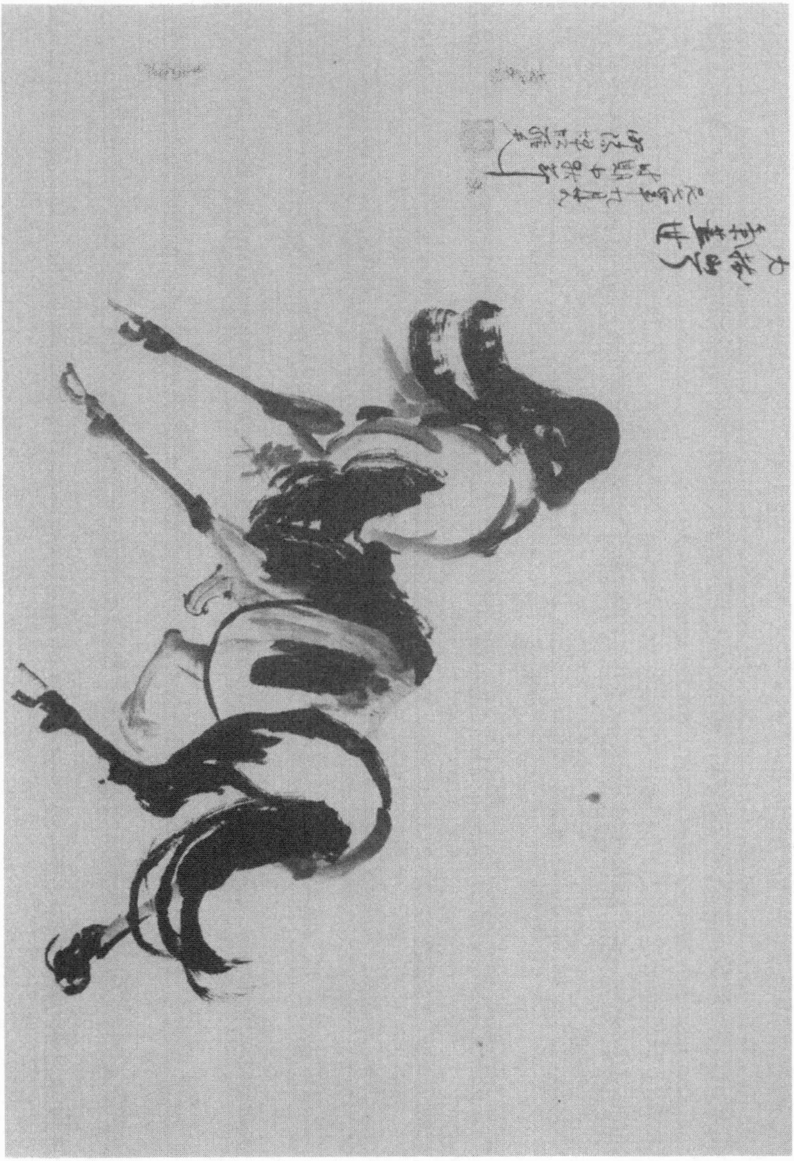

農曆新正好團圓

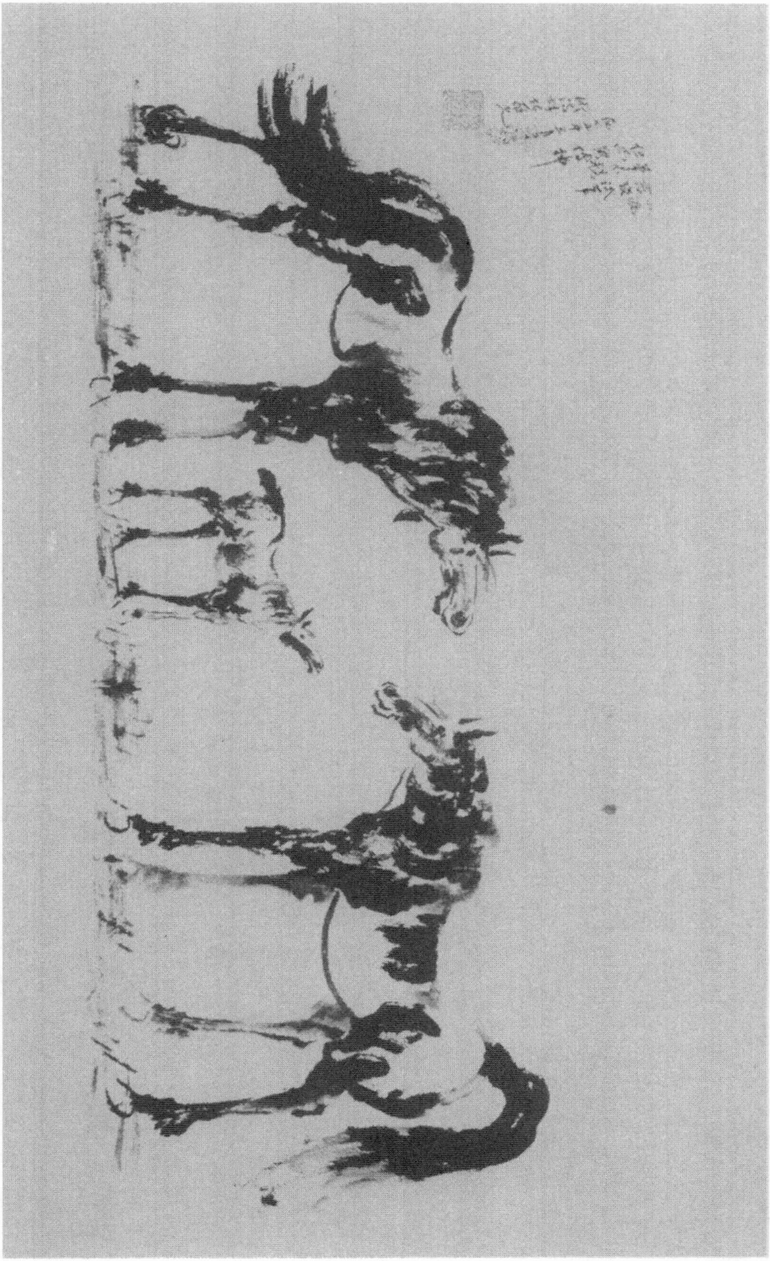

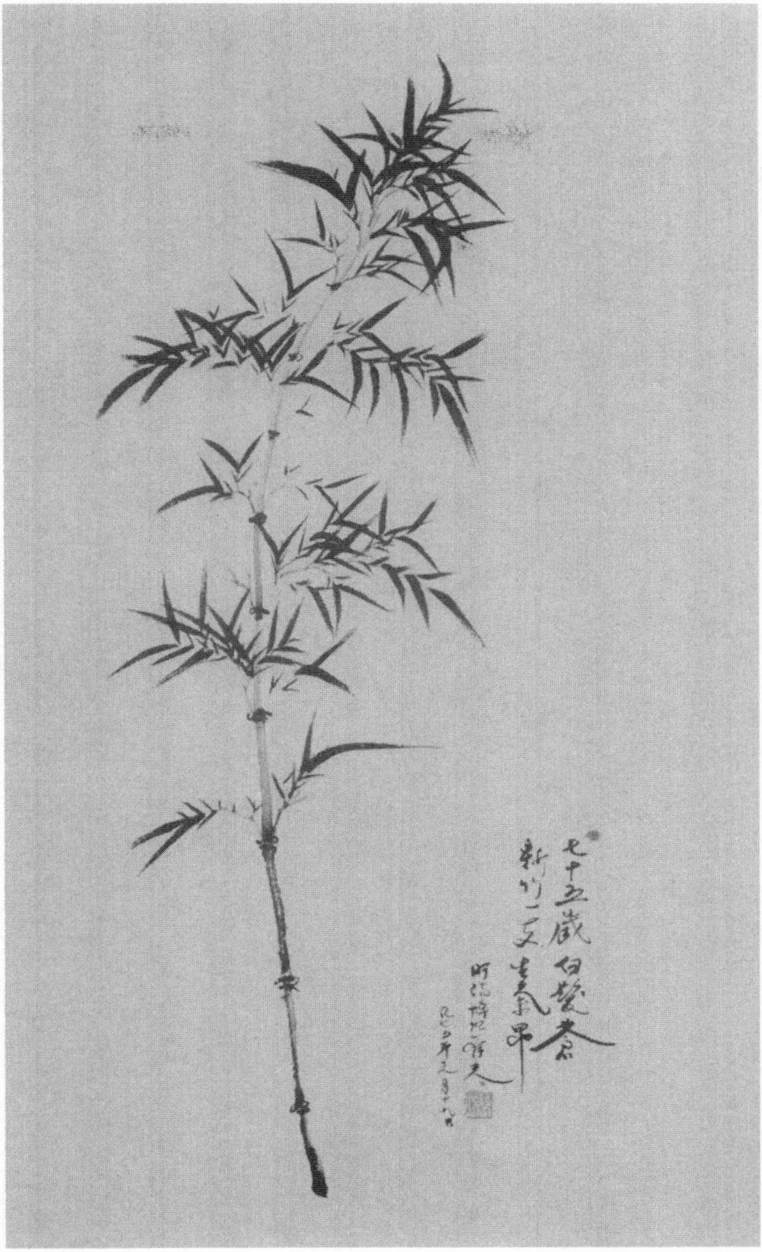

清新

□陽博物雅夫

□□□□
□□□□

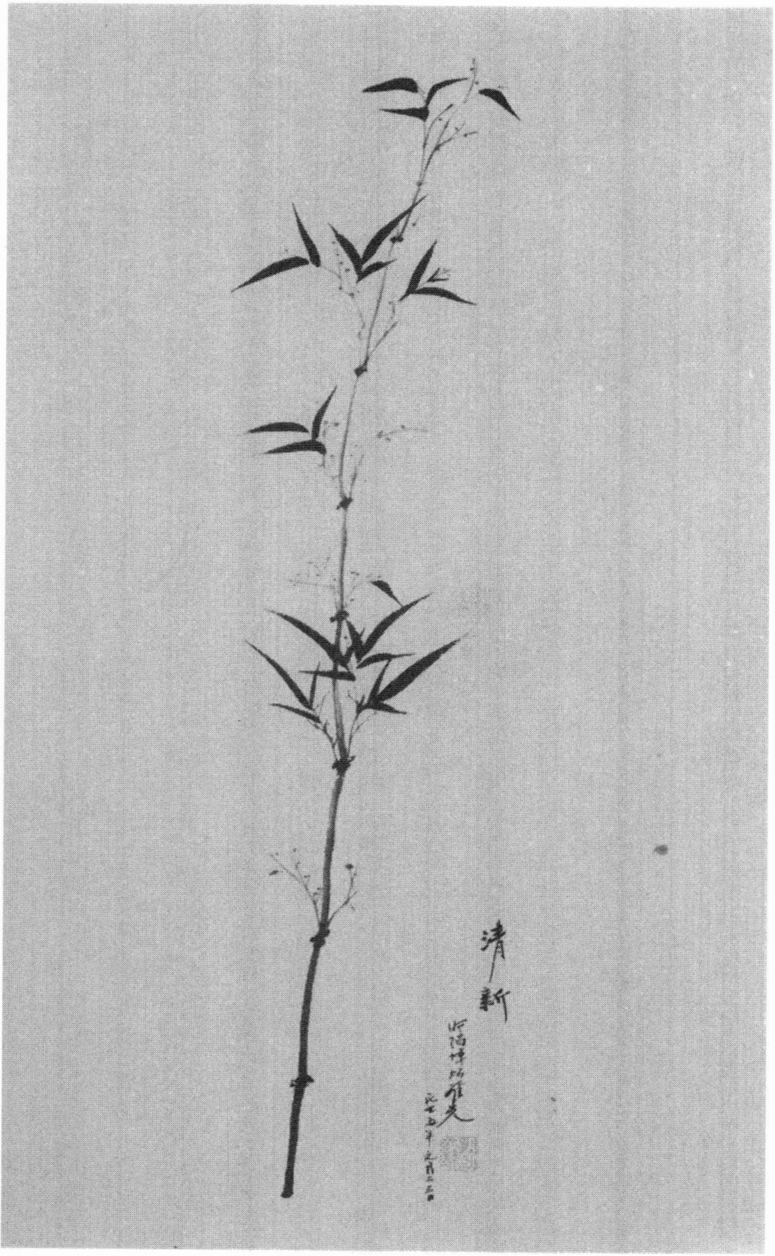

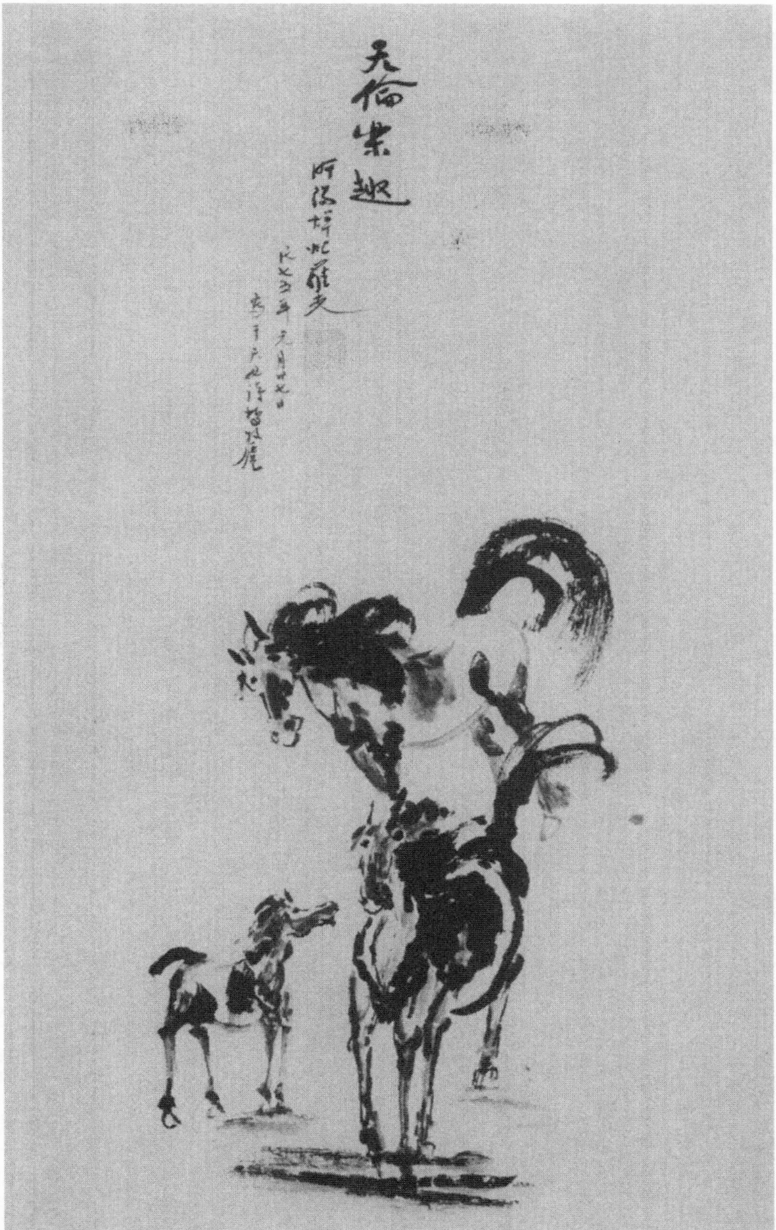
天倫樂趣

悠然而來
主恩洋溢

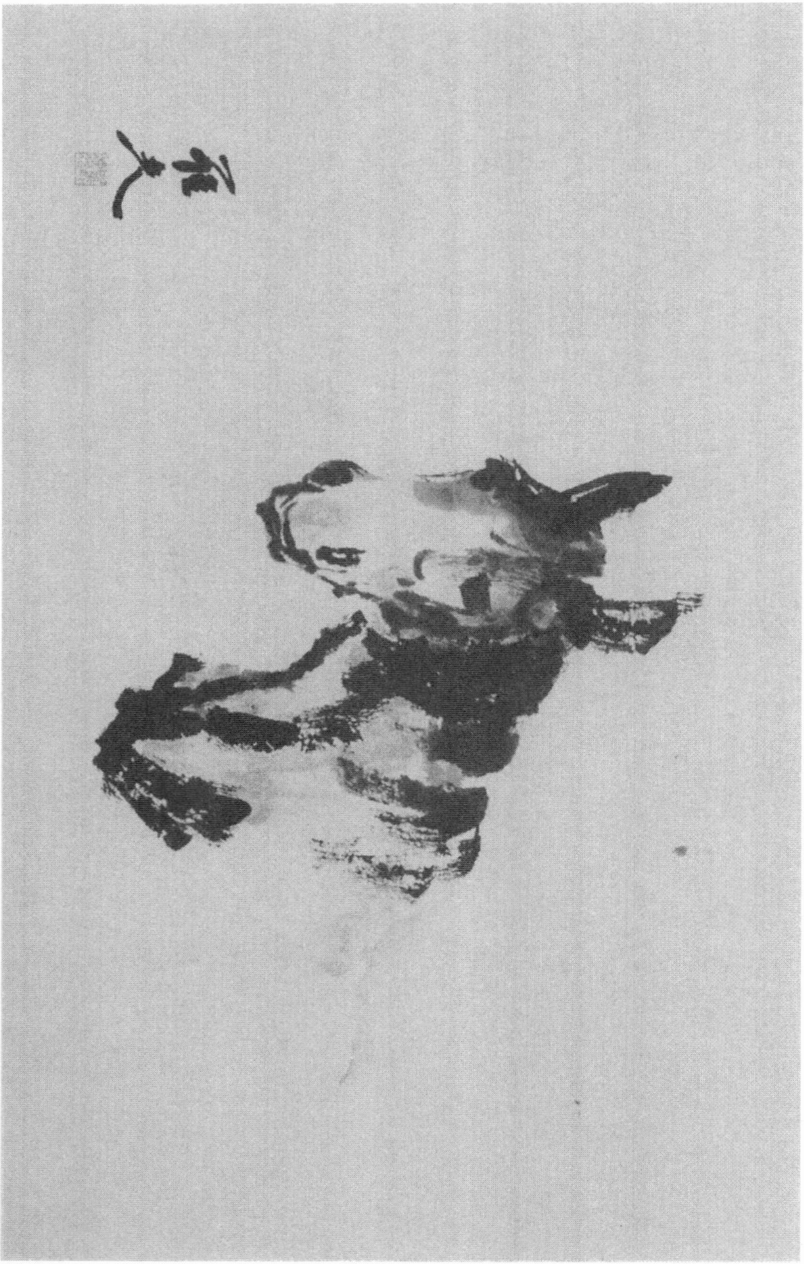

雕蟲小技何以畫馬

羅光
民七八年二月九日
晉鐸五十三週年

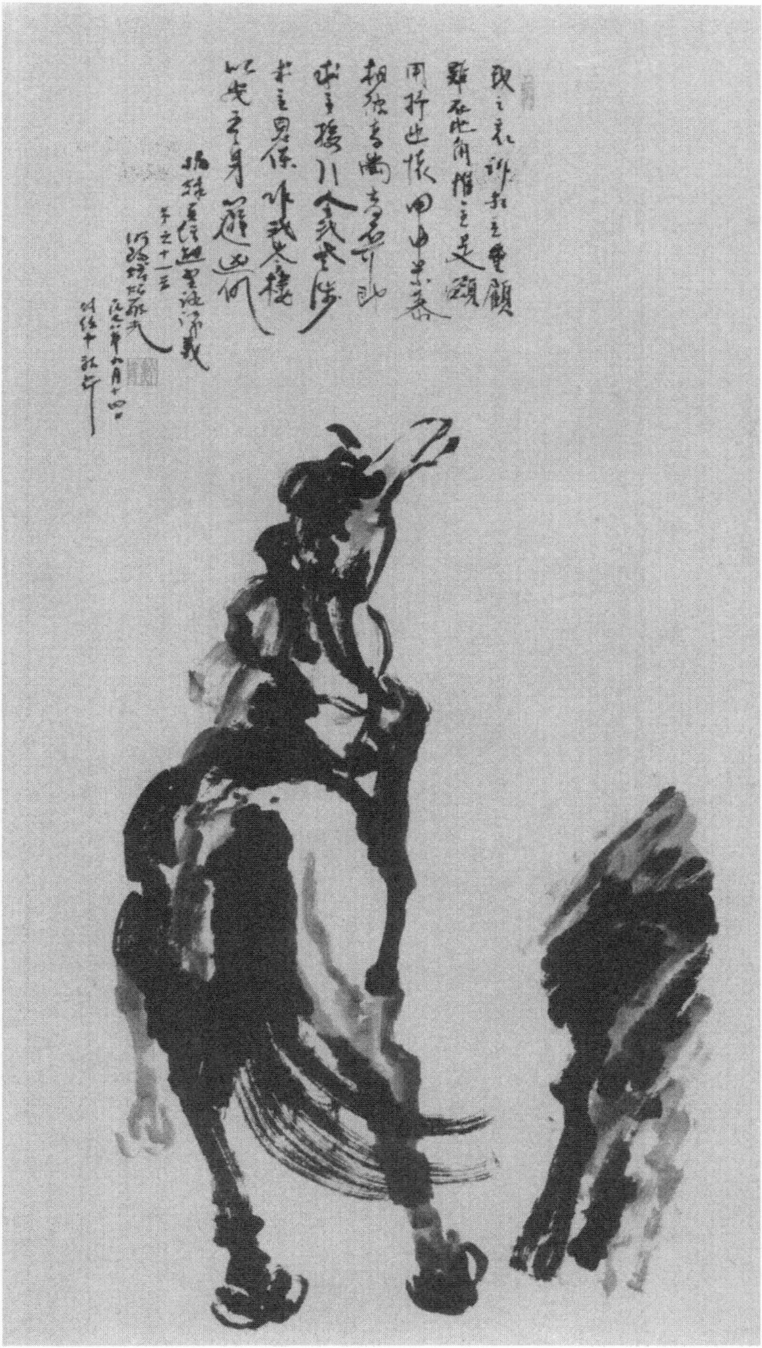

家和萬事興